O significado do Namoro

Jean
Francesco

O **significado** do Namoro

Todas as citações bíblicas foram extraídas da Almeida Revista e Atualizada (ARA), salvo indicação em contrário.

PREPARAÇÃO Bruna Gomes
REVISÃO Victória Cardoso e Carolyne Larrúbia
CAPA Felipe Mateus
DIAGRAMAÇÃO Plinio Ricca

Dados Internacionais de Catalogação na Publicação (CIP)
(BENITEZ Catalogação Ass. Editorial, MS, Brasil)

F798s Fracesco, Jean
1.ed. O significado do namoro / Jean Francesco. – 1.ed. – Rio de Janeiro: Thomas Nelson Brasil, 2025.
176 p.; 13,5 x 20,8 cm.

ISBN 978-65-5217-374-4

1. Adolescentes – Aspectos religiosos – Cristianismo. 2. Moral cristã. 3. Namoro (Costumes sociais) – Aspectos religiosos – Cristianismo. 4. Princípios bíblicos. 5. Vida cristã. I. Título.

06-2025/187 CDD 248.83

Índice para catálogo sistemático:
Namoro : Jovens : Vida cristã 248.83
Aline Graziele Benitez – Bibliotecária - CRB-1/3129

Os pontos de vista desta obra são de responsabilidade de seus autores e colaboradores diretos, não refletindo necessariamente a posição da Thomas Nelson Brasil, da HarperCollins Christian Publishing ou de suas equipes editoriais.

Rua da Quitanda, 86, sala 601A - Centro,
Rio de Janeiro/RJ - CEP 20091-005
Tel.: (21) 3175-1030
www.thomasnelson.com.br

Este livro foi impresso pela Vozes, em 2025, para a Thomas Nelson Brasil.
O papel do miolo é Avena 70g/m^2 e o da capa é Cartão 250g/m^2.

À minha esposa e eterna namorada, Gesiê, que viveu comigo o processo de dois anos de namoro e mais um de noivado na presença de Deus. Ela, com toda sua ternura, amizade, conselhos e atitudes, fez com que me tornasse um homem muito melhor do que eu jamais poderia imaginar. À mulher que me fez – e ainda me faz – reconhecer meus pontos fracos, que exalta minhas virtudes e me leva para mais perto de Jesus Cristo todos os dias, semanas, meses e anos. Dedico este livro a você, pois a maior parte dele escrevi enquanto aprendia a te namorar e, enquanto te namorava, aprendi a escrever sobre namoro. Hoje, após dez anos de casados e com três filhos, continuamos a namorar e ensinando outros a namorar de um jeito que agrada a Deus.

Agradecimentos

A origem deste livro remonta há pelo menos 13 anos, quando atuava como pastor de jovens na Igreja Presbiteriana da Penha. Uma das minhas responsabilidades era orientar o grupo sobre namoro, relacionamentos e temas afins. Ao longo dos anos de ministério, dezenas de palestras, aconselhamentos e conversas com adolescentes, jovens e seus pais me motivaram a transformar o trabalho inicial — que visava abençoar minha igreja local — em um projeto com alcance mais amplo.

Mais de uma década depois, o leitor tem em mãos um texto lapidado pelo tempo, por diversas experiências e por muitas mãos. Seria injusto atribuir apenas a mim o mérito pela forma final desta obra. Além da alegria de trabalhar novamente com a Thomas Nelson Brasil, tive o privilégio de contar, pela primeira vez, com a talentosa editora Aline Lisboa — o livro tem o dedo dela em toda a parte! Sou profundamente grato pela equipe que ela reuniu, que não apenas me poupou de vários erros, mas também enriqueceu o material com contribuições valiosas. Um agradecimento especial a Bruna Gomes e Giovanna Staggemeier pelo trabalho excepcional.

Por fim, quero expressar minha gratidão à minha esposa e aos meus filhos, pela compreensão durante minha ausência, enquanto me dedicava à escrita e revisão deste livro. O amor e o incentivo que recebo deles, muitas vezes silenciosos, significam mais do que palavras poderiam dizer. A Deus, toda a glória!

Sumário

Apresentação

O tema deste livro é de grande pertinência, pois sabemos que o relacionamento a dois está em crise. Muitas pessoas estão juntas sem compromisso, preocupadas com seu próprio prazer e não com o do outro. Nossa cultura parece realmente perdida nesse assunto.

Confesso: eu achava que sabia namorar, mas estava completamente equivocada. Sempre quis me casar e ter filhos. Mas, aos 15 anos, não conseguia entender a seriedade do namoro. Eu pensava: "Quero estar com tal pessoa porque gosto dela". Será que eu tinha noção do que isso significava?

Desde quando o Jean e eu nos tornamos mais próximos e, depois, começamos a namorar, passei a enxergar o namoro como de fato ele deve ser. Aprendi que, ao estar em um relacionamento, os sentimentos, o tempo investido, as experiências, os hábitos criados e tantas outras coisas moldam as recordações e as consequências, tanto as boas, quanto as ruins.

Meu marido repete com frequência: "Quanto mais relacionamentos você se envolver, menor ficará o seu coração e, às vezes, quando você achar alguém que possa valer a pena, seu coração estará pequeno e machucado". Por isso, devemos conhecer muito bem a pessoa que queremos namorar e nos envolvermos com ela apenas caso exista a intenção de fazer dar certo, isto é, casar-se (não se assuste com a palavra "casamento"; quando ocorre a partir dos princípios que Deus nos ensina na Escritura, é uma decisão maravilhosa!).

O significado do namoro nos encoraja a desfrutar de um bom relacionamento no tempo certo, que agrade a Deus e que busque o crescimento e a felicidade do casal. Digo, por experiência, que namorar debaixo da vontade de Deus é extraordinário! Certamente, você colherá bons frutos por isso durante toda a vida a dois.

Este livro aborda temas extremamente relevantes para serem lidos antes e durante o namoro, ou mesmo depois. Ele responde a questionamentos frequentes no que diz respeito aos relacionamentos: (1) "Tenho idade para namorar?"; (2) "Se eu não quiser algo sério, posso, pelo menos, dar uns beijinhos?"; (3) "Até onde vai a intimidade no namoro?"; (4) "Ser virgem não rola mais hoje"; (5) "O namoro só pode ser entre cristãos?"; (6) "Quero namorar, mas casamento é algo muito sério".

Se você se sente muitas vezes perdido nesse assunto, ou simplesmente quer aprender o que Deus diz sobre isso, invista seu tempo na leitura deste livro e encontre bons princípios que orientarão suas escolhas.

Bom, agora é a hora de começar. Boa leitura!

Gesiê Castro Lima
Grand Rapids, dezembro de 2024

1

Uma breve história do namoro

Este livro é para todos os que desejam desfrutar o melhor em seus relacionamentos amorosos. Toda pessoa que se entrega a alguém precisa entender que relacionamentos não são tão simples quanto parecem. Quero propor a você algo que vá realmente além de apenas passar tempo.

O foco especial da abordagem apresentada aqui diz respeito aos relacionamentos antes do casamento. Portanto, vamos falar muito sobre namoro. É importante destacar que as maiores mudanças no tema ocorreram cerca de cem anos para cá. Desde então, tudo continua mudando mais e mais em ritmo frenético.

Não me considero velho, mas sou do tempo em que se enviava cartinhas para as meninas da escola. Já faz um bom tempo que não ouço mais falar dessa prática (bom, talvez eu esteja ficando velho mesmo). Com a chegada das redes sociais, as cartinhas caíram em desuso. A moda agora é virtual. Ao invés de pegar em papel e caneta, os apaixonados pegam seus smartphones e passam horas trocando mensagens, conversando como se não houvesse amanhã. E, nessas conversas, eles compartilham sua vida, suas fotos e sua intimidade de forma muito rápida e quase sempre irresponsável.

No entanto, apesar de tantas mudanças e do mundo agora ser digital, uma coisa não mudou: a cabeça da maioria dos jovens ainda gira em torno do namoro. Queremos uma paixão arrebatadora, algo que seja intenso o tempo todo. Sonhamos em viver uma aventura romântica. Quem nunca desejou isso em algum momento da vida, não é mesmo?

Mas, afinal, como essa história de namoro começou?

Casamentos arranjados – Os pais decidem

Na antiguidade, as coisas eram muito diferentes do que são hoje. Na própria Bíblia, por exemplo, a palavra *namoro* não existe, muito menos o conceito. O que vemos nas páginas da Escritura é a prática do noivado, mas não como conhecemos hoje. No passado, o noivado era algo mais radical — talvez até demais para nós, ocidentais. Imagine a cena: Abraão, o patriarca conhecido como pai da fé, arranjando o casamento de seu filho Isaque com Rebeca. Caso você não conheça essa história, os noivos se viram pela primeira vez apenas no dia do seu casamento (Gênesis 24.52-67)!

Por mais que essa história pareça absurda e completamente inviável na nossa realidade, era assim que os jovens se casavam naquela época — e continua sendo assim até hoje em alguns lugares, especialmente no mundo oriental. Os pais detinham o direito e privilégio de escolher esposas para seus filhos, marcar o dia do casamento e se responsabilizavam por pagar todas as contas. As coisas eram assim: hierárquicas, rápidas, sem rodeios e sem liberdade.

Privacidade também estava fora de questão. Nesse período, o ato de beijar, andar de mãos dadas, abraçar, sair sozinhos para um lugar legal e, principalmente, a relação íntima, eram coisas terminantemente proibidas antes do casamento. Esse padrão perdurou por muito tempo na história dos relacionamentos e só foi perder sua força entre os séculos 19 e 20, por volta dos anos 1900. Como uma reação negativa ao padrão tradicional patriarcal, um novo movimento nasceu para mudar as regras do jogo dos relacionamentos, o Romantismo.

Romantismo – "Amor só na conversa"

As juras de amor eterno e as longas conversas apaixonadas estavam em alta entre a nobreza europeia no final do século 19 e início do século 20.[1] Os jovens passaram a se conhecer em bailes, cafés, agremiações, confeitarias e piqueniques. Nos romances de José de Alencar ou nas novelas de época, a mulher era sempre uma heroína em busca de um grande amor. No entanto, os que namoravam sério só podiam trocar juras de amor eterno sob os olhares atentos dos pais da moça. Essa era a época em que os jovens mais corajosos se arriscavam a fazer serenatas debaixo da janela de suas pretendentes. Ponto importante: apenas os homens podiam tomar a iniciativa para o relacionamento.

Uma serenata que ficou conhecida nessa época aqui no Brasil foi "Os Namorados da Lua", de Chiquinha Gonzaga e Mário Pinheiro, cantada por volta de 1902. Note como o Romantismo estava em alta:

---

1 Para uma história do namoro e seus desdobramentos no contexto europeu, americano e brasileiro, cf. DEL PRIORE, Mary, *História do amor no Brasil*. São Paulo: Contexto, 2012.

É meia-noite! Desperta!
Acorda, gentil morena,
Sem vestido, lenço ou touca,
Vem, que a noite está serena.
A lua brilha, bons cidadãos.
Adormecei, adormecei
E voz donzelas, meigas e belas
Para nós correi, aparecei!

Outro fato interessante dessa época era a figura da alcoviteira, uma prima, amiga ou tia da moça que se responsabilizava por mediar a relação de um casal. Ela fazia de tudo um pouco. Se a moça quisesse entregar uma carta de amor ao rapaz, chamava a alcoviteira. Se o rapaz quisesse marcar um encontro para tomar um sorvete ou assistir à matinê no cinema, tinha que fazer o mesmo. O acesso direto era algo muito raro.[2]

Nas décadas de 1910-1930, às vésperas da Segunda Guerra Mundial, se um rapaz se interessasse por uma moça, teria que pedi-la em namoro para os pais dela. Se os pais concordassem com o relacionamento, os dois já podiam sair juntos. O rapaz, então, buscava a moça em casa e, depois, a levava de volta. Porém, havia um detalhe: os passeios deviam ser acompanhados por algum membro da família e só podiam durar até nove horas da noite. Depois disso, cada um deveria voltar para casa.[3]

---

2 Cf. DEL PRIORE, *História do amor no Brasil*, p. 39–43.

3 Cf. DEL PRIORE, *História do amor no Brasil*, p. 119–128.

Segunda Guerra Mundial – "Namoro de portão"

Depois da Segunda Guerra Mundial (1939-1945) e de várias conquistas femininas, os jovens passaram a namorar no portão de casa, mas ainda eram ostensivamente vigiados pelos pais da moça. Era a época da popularização das novelas transmitidas pelo rádio. E o namoro? Não ia muito além do beijo na mão ou um leve toque nas mãos. Beijo no rosto? Raríssimo! O tempo de namoro seguia padrões rígidos. Ele era de curta duração para não levantar suspeitas sobre as intenções do rapaz e, também, para não comprometer a reputação da moça. Terminar um namoro era motivo de vergonha para a família da donzela, que ficava desvalorizada na opinião da comunidade.[4]

Namoro no sofá – "Com a vovó ao lado"

Do portão, pouco a pouco, o namoro migrou para o sofá da sala, mas a liberdade continuava vigiada. Em 1950, era muito comum as avós ou a irmã caçula da moça ficarem na sala para "segurar vela" e impedir que o casal de namorados trocasse carícias por cima das roupas. As moças mais atiradas da época eram apelidadas de "vassourinha" e "maçaneta", pois deixavam os rapazes livres para manusearem o seu corpo.

Anos 1960, Woodstock e pílula – "Faça amor, não faça guerra!"

Sem dúvida, os anos 1960 foram decisivos para a forma de namoro que temos hoje.[5] Um dos fatores principais foi o emergir

---

4 Cf. DEL PRIORE, *História do amor no Brasil*, p. 277–281.

5 Cf. DEL PRIORE, *História do amor no Brasil*, p. 300–310.

da pílula anticoncepcional. A chegada desse contraceptivo ao Brasil levou os namorados a acreditar que podiam manter relações sexuais sem preocupação com as consequências. Eram os tempos de "faça amor, não faça guerra". Os jovens começaram a experimentar de tudo um pouco em festas, clubes e universidades. As moças que engravidavam muitas vezes eram obrigadas, pela própria família, a sair de casa e a mudar de cidade.

Além disso, a filosofia hippie, o consumo de drogas e a onda de contracultura da época, comprometida com a permissividade sexual, acharam, no Festival de Woodstock, o momento perfeito para modificar ainda mais os valores morais dos anos 1960. Confiantes no poder anticoncepcional da pílula, os namorados aceitaram a tese de que "é proibido proibir". A intimidade sexual deixou de ser tabu e passou a ser livre entre todos, de todas as maneiras possíveis. Nesta época, muitos bebês nasceram prematuros, doenças se multiplicaram, jovens se suicidaram e uma série de outras tragédias coroaram a rebeldia do momento.

Na década de 1970, os beijos passaram a ser mais demorados e as carícias, mais íntimas. Em contrapartida, os relacionamentos tornaram-se mais efêmeros. Ninguém mais parecia acreditar que um amor pudesse durar para sempre. Muitos casais de namorados, ainda impedidos pelos pais de aproveitarem o clima de liberdade sexual, passaram a recorrer a motéis com mais frequência, fugindo assim de qualquer suspeita de vigilância paterna.

Namoro com camisinha – "Beijar, usar e largar!"

A descoberta da AIDS e outras doenças sexualmente transmissíveis exigiram dos namorados da década de 1980 comportamentos muito diferentes daqueles praticados pelas gerações anteriores. Aquela ideia de sexo livre parecia ter sido um fracasso e destruiu a vida de muita gente. A sensação de prazer infinito prometida pela ideologia da liberdade sexual se provou um verdadeiro pesadelo. Por mais atraente que a ideia pudesse parecer, nos anos 1980 as pessoas pouco a pouco foram se tornando céticas em relação a promessas de prazer imediato e mais preocupadas com o cuidado do corpo. Nesse contexto, a invenção da camisinha se tornou item obrigatório para quem pretendia levar uma vida sexual ativa.

Foi também na década de 1980 que o finlandês Jarkko Oikarinen criou o primeiro site de relacionamentos: o antigo IRC (Internet Relay Chat). E assim, sem querer, ele acabou indiretamente inventando o namoro virtual. Em vez de olhar nos olhos, o namoro migrou para o "olhar nas telas".

Nos anos 1990, a década na qual eu nasci, os jovens passaram a conjugar o verbo "ficar" para definir o envolvimento amoroso sem compromisso. Na noite, festa ou balada, um único menino podia ficar com várias garotas ou vice-versa. O objetivo parecia ser ficar com o maior número possível de pessoas numa mesma noite. Em vez de namorados, os jovens mudaram a estratégia. Estavam agora à procura de "ficantes", ou seja, de relacionamentos rasos e fugazes.

Nos anos 2000, a febre da vez foi o Messenger ou, simplesmente, "MSN". Nessa época, pedir o telefone da garota mais bonita, por exemplo, caiu em desuso — apesar de essa prática estar voltando agora, por causa do aplicativo WhatsApp. A moda era pedir o e-mail, para adicionar aos contatos do chat e trocar mensagens pelo computador (na maioria das vezes, após a meia-noite, quando era possível conectar a internet discada!).

O namoro continua surpreendendo a cada década que passa. O mundo digital, por exemplo, definitivamente mudou a maneira como pessoas iniciam relacionamentos amorosos, seja dando uma espiada no Instagram da pessoa ou até mesmo marcando encontros pelo Tinder. Hoje, em vez de casamento, a maioria das pessoas pensa em "morar junto". Outros descartaram a ideia de uma relação somente a dois; por que não relação a três, quatro ou cinco? O conceito de poliamor já não é mais uma noção estranha. Além disso, as relações homossexuais estão em alta e, pouco a pouco, o casamento gay vem se tornando algo comum em qualquer lugar do mundo. Isso significa que ser cristão, em nosso tempo, é entrar em um fogo cruzado com todas essas formas de relacionamentos, queiramos nós ou não.

Talvez você esteja se sentindo no meio de um furacão. Qual será o melhor caminho para os relacionamentos a dois hoje? É sobre isso que vamos conversar ao longo deste livro.

No próximo capítulo, vamos falar sobre como as relações amorosas estão atualmente aprisionadas à cultura descartável do consumo e aos encantos efêmeros da paixão. Além desse diagnóstico, buscaremos compreender quais têm sido as consequências dessa mudança de paradigmas para os nossos relacionamentos.

Quiz para refletir sozinho ou acompanhado:

1. O que significa o "casamento arranjado" descrito na Bíblia?
2. Qual inovação o movimento romântico trouxe ao mundo dos relacionamentos?
3. Como as guerras mundiais impactaram os relacionamentos?
4. O que ocorreu de revolucionário na maneira de namorar a partir dos anos 1960?
5. O que as pessoas ao seu redor pensam acerca do namoro?

2

Namoro
na era do consumo

Afinal, o que significa namorar na era atual? Alguns de meus amigos têm uma ideia muito complicada de como se deve aproveitar a vida. Confesso que antes de me tornar cristão eu também pensava como eles. Depois que me aproximei da fé cristã, aconteceu uma reviravolta em minha vida e, como consequência disso, alguns desses amigos ficaram realmente chocados com a minha nova versão.

Lembro-me que aos dezoito anos, quando eu era solteiro, um amigo próximo me interpelou com as seguintes palavras: "Cara, o que aconteceu com você? Você não bebe, não fuma, não gosta de uma balada, não trai sua namorada, não faz sexo! Como você faz para se divertir? Você não tem vida?". Minha primeira reação foi ficar assustado. Não imaginava que ele poderia pensar isso de mim. Então, respirei fundo e respondi: "Se não houvesse bebida, drogas e sexo, você seria feliz?". Ele olhou para cima e fez uma cara de dúvida, mas não disse uma palavra. Continuei: "Se essas fossem as únicas formas de aproveitar a vida, você teria razão, 'eu realmente não tenho vida', mas e se houvesse outras? O fato é que sim, existem mil e uma formas de fazermos a vida valer a pena sem precisar adotar um estilo de vida inconsequente. Na verdade, amigo, acho que você ainda não descobriu o que é a vida". Ele deu um sorriso e me disse para continuarmos a conversa outra hora — certamente ele teve de dormir com esse barulho à noite!

Aproveitar a vida?

Ficar o mais louco possível, fazer sexo com desconhecidos, beber para causar constrangimentos, dirigir alcoolizado, ter "o privilégio" de não se lembrar das loucuras que fez na última balada, emprestar os lábios para qualquer pessoa ou entregar-se para qualquer um como um produto a ser consumido são maneiras que vários homens e mulheres da nossa geração encontraram para aproveitar a vida.

Nossa geração quer felicidade a qualquer custo. Quantas vezes você já ouviu a frase: "O que importa é se sentir bem"? Nada contra os sentimentos, eu amo me sentir bem, mas nem tudo que nos dá boas sensações é necessariamente bom. É isso mesmo que você leu. Nem tudo o que nos dá prazer imediato é benéfico no final das contas. Isso deveria ser um conceito simples de se assimilar, mas infelizmente deixou de ser.

Tome, por exemplo, os diabéticos, pessoas diagnosticadas com altos índices de açúcar no sangue. Não há dúvidas de que um diabético possa se empanturrar com guloseimas de todos os tipos e sentir muito prazer nisso. Contudo, cultivar esse hábito será uma maneira "prazerosa" de levar a si mesmo à morte. Em outras palavras, viver em busca dos prazeres de forma irresponsável pode ser uma maneira prazerosa de se autodestruir e morrer mais cedo. Desejos, por mais sedutores que sejam, não são direitos e não devem ser sempre obedecidos. Essa é uma regra geral de sobrevivência!

O mesmo pode estar por detrás da forma como escolhemos ser felizes em nossos relacionamentos. Você e eu podemos cair na armadilha de achar que todas as nossas aventuras amorosas que dão prazer, são, de fato, boas. Uma noite de muito prazer no sábado pode trazer muitas lágrimas no domingo. Que lágrimas são essas? Podemos pensar na descoberta de uma doença sexualmente transmissível, a descoberta de que o "amor" da sua vida, na verdade, fazia parte de uma aposta entre amigos, sem falar no fantasma da culpa na consciência, por envolver mentiras, traição e quebra de confiança. O fato é que podemos sentir muito prazer na forma como nos relacionamos amorosamente sem percebermos que, na verdade, estamos sendo narcisistas e imprudentes.

Relacionamentos sem responsabilidade podem dar prazer e, ao mesmo tempo, podem matar. A busca por satisfazer seus desejos mata sonhos, planos, famílias e, principalmente, corações. É triste saber que milhões de jovens atualmente embarcam em relacionamentos em busca de prazer e felicidade quando, na verdade, estão apenas sendo usados. Para alguns, é difícil admitir que suas "noites mais felizes" não passaram de pura ilusão. Mas, afinal, o que isso tem a ver com namoro?

O aspecto consumista do namoro

Grosso modo, os namoros de hoje em dia são orientados pela ideologia do consumo. Essa lógica funciona mais ou menos assim: 1. Você procura o produto; 2. Compra pelo menor preço possível; 3. Faz uso dele; 4. Descarta e compra um novo. É importante lembrar que o consumidor precisa ter todas as suas necessidades satisfeitas, caso contrário mudará de produto ou supermercado.

Por analogia, o namoro de hoje em dia é isto: 1. Você procura uma pessoa; 2. Fica com ela pelo menor preço, custo ou risco possível; 3. Faz uso emocional, físico e sexual; 4. Descarta a pessoa e vai em busca da próxima. A regra geral é: você precisa ter todas as suas necessidades satisfeitas e, caso alguém não consiga supri-las, é hora de mudar de namorado(a). O problema com essa lógica é que ela nos reduz a meros produtos ao invés de nos celebrar como pessoas únicas. Produtos têm prazo de validade, pessoas jamais perdem o seu valor. Produtos a gente usa, pessoas a gente ama e valoriza. Produtos a gente compra, pessoas a gente acolhe, respeita e se doa para elas.

Infelizmente, estamos nos acostumando com a ideia de sermos tratados como produtos ao invés de pessoas. Assim como o personagem bíblico Esaú trocou seu direito de primogenitura por um prato de lentilhas, nossa geração, por analogia, troca o seu inestimável valor por uma passageira noite de prazer (cf. Gênesis 25:31-34). Portanto, a forma como nos relacionamos atualmente revela que, por detrás da nossa suposta alegria, reside um profundo sentimento de desvalorização. Que ironia, não? A geração que tanto ama o individualismo acabou se tornando a geração que menos dá valor ao indivíduo — seja aos outros ou a si próprio.

Um dos sintomas desse individualismo consumista é a busca desenfreada pela pornografia. A maioria das pessoas acha que sexo existe para ter e conseguir prazer. O grande alvo do sexo, então, é a autossatisfação. Nada mais pobre e falso do que isso. Deus criou o sexo não para eu conseguir prazer, mas para eu oferecer prazer. A questão não é receber, mas dar. Por isso, o vício em pornografia é uma disciplina que treina o indivíduo para sua própria satisfação e não para a satisfação do outro. É um prazer egoísta que te distância do verdadeiro amor. No fim das contas, você se sente cada vez mais solitário e menos saciado.

A pornografia também promove uma imagem ilusória da sexualidade. A realidade sexual-amorosa é completamente diferente do teatro fantasioso promovido pela indústria de conteúdo adulto, e isso é comprovado pelos testemunhos de quem fez parte dessa indústria e felizmente conseguiu abandoná-la. Essas pessoas relatam que a "euforia" encenada por detrás das câmeras é, de fato, uma encenação.[1] A realidade dos atores é bem diferente daquilo que eles tentam transparecer para a audiência: é uma vida vazia, triste, depressiva, muitas vezes marcada por culpa e autoengano. O prazer vendido para a audiência está muito distante daquilo que os atores encenam. O universo pornográfico é sempre fabricado e falso, portanto, um caminho ineficaz para lidar com a carência e a solidão.

Sabendo da ineficácia da pornografia para saciar a solidão da alma, mais pessoas têm se tornado vítimas de "sexting", uma forma de entregar a vida íntima pela internet enviando e recebendo nudes para conhecidos ou estranhos. Os danos que esse tipo de consumismo sexual tem causado são sem precedentes. Na minha experiência pastoral, o sexting tem arruinado não apenas jovens, mas também colapsado o relacionamento de casais maduros. Somente no ano passado, acolhi uma meia dúzia de homens já casados, com filhos, os quais viviam uma relação "aparentemente bem-sucedida aos olhos da igreja", implorando por ajuda por terem colocado o casamento em risco. Eles correm até mim e confessam terem trocado fotos íntimas na web com mulheres desconhecidas, amigas do passado etc. O resultado é

---

1 Para ter acesso a vários desses testemunhos de pessoas que deixaram a indústria pornográfica, veja a rede social do psicólogo e especialista nesse assunto, Miguel Soriani (@omiguelsoriani no Instagram).

sempre o mesmo: vergonha, culpa e medo de terem colocado tudo a perder. Como qualquer outro ato contrário à vontade de Deus, o pecado sexual proporciona um minuto de euforia e uma eternidade de tristeza.

A luz no fim do túnel é que, apesar do nosso rebaixamento de pessoas para produtos, ainda sonhamos paradoxalmente com um relacionamento que seja à prova de coração partido. Ainda nos emocionamos com a noção de "e viveram felizes para sempre". Na canção "Amor Maior", da banda Jota Quest, Rogério Flausino expressa bem esse desejo paradoxal de querer o bem individual e ao mesmo tempo estar insatisfeito com a busca individualista:

Eu quero ficar só
Mas comigo só eu não consigo
Eu quero ficar junto
Mas sozinho só não é possível

É preciso amar direito
Um amor de qualquer jeito
Ser amor a qualquer hora
Ser amor de corpo inteiro
Amor de dentro pra fora
Amor que eu desconheço

Quero um amor maior
Um amor maior que eu
Quero um amor maior
Um amor maior que eu.

Por mais distantes que estejamos do ideal de Deus para os relacionamentos, eu creio que nos porões da nossa alma ainda há um sussurro nos dizendo: "relacionamentos foram feitos para durar". Ao invés de ficar, sabemos que o ideal seria permanecer. Podemos mentir para nós mesmos, mas sabemos por intuição que viver para nós mesmos não é o caminho. O caminho vai além do quanto eu busco a minha própria satisfação.

Na época em que eu trabalhava como pastor de jovens, costumava desafiar o nosso grupo a pensar nas seguintes perguntas: "Você deseja viver uma grande paixão que dure para sempre?"; "Vocês desejam viver uma paixão arrebatadora?". Como raríssimas exceções, ouvia "não" como resposta. A grande maioria respondia "sim". Afinal, quem não gostaria de viver uma aventura cinematográfica dessas?

Parece que nós realmente sonhamos em nos sentir completos a partir do encontro com o outro. O perigo é que, por trás desse desejo pela aventura amorosa, pode se esconder um romantismo barato. Um idealismo infantil que leva a pessoa a buscar paixões arrebatadoras não para satisfazer o outro, mas para satisfazer o próprio ego, se utilizando do outro para alcançar tal objetivo. Em outras palavras, por trás da "paixão arrebatadora" ainda se esconde uma "paixão arrebatadora por si mesmo", e não para a realização conjunta.

O filósofo Martin Buber desenvolveu esse conceito de realização no outro (alteridade) como uma filosofia do encontro. Ele defendeu que existem dois modos de presença, ou dois tipos de relacionamentos entre os seres humanos.[2]

---

2 BUBER, Martin. *Eu e Tu*. São Paulo: Centauro, 2001, p. 36, 60.

O primeiro é chamado de relação Eu-Tu, marcado por uma autenticidade verdadeira onde duas pessoas se encontram reciprocamente, os dois mundos se fundem e os sentimentos se complementam. O segundo, entretanto, é chamado de relação Eu-Isso. Como o nome já diz, é uma tentativa de encontro e realização por meio da relação entre pessoa e objeto. Buber defende que nós não podemos ser realmente autênticos numa relação de pura absorção. Pelo contrário, por detrás desse tipo de amor, esconde-se um desejo de poder, manipulação e imposição. Em outras palavras, não há alteridade, desejo de me encontrar no outro, do Eu se ver no Tu, mas de um Eu tentando possuir o Isso. Portanto, uma vez que pessoas não são objetos, elas não podem se fundir, se completar e se realizar uma na outra. Por fim, tudo não passa de uma tentativa ilusória de encontrar a si mesmo numa relação de consumo.

A sabedoria bíblica descortinou esse conceito de alteridade há milênios. Jesus traduziu isso muito bem ao ensinar que a busca do ser humano por sentido só é possível quando este embarca numa vivência de amor a Deus e amor ao próximo (cf. Marcos 22:36-40). O que dá sentido à vida humana são os relacionamentos verticais e horizontais, com Deus e com os próprios humanos. Isto é, o amor não se realiza quando busca obedecer aos próprios desejos, mas quando se entrega, se doa e busca satisfazer aquele que está fora de si mesmo.

Se realmente só podemos ser nós mesmos numa relação de aliança autêntica, por que continuamos investindo em nossos relacionamentos com a mesma motivação que vamos ao mercado fazer compras? A não ser que você queira ficar solteiro — e realmente não há nenhum problema com isso —, invista em seus relacionamentos como um laço inseparável, uma aliança inquebrável. Nosso coração foi programado por Deus para relacionamentos duradouros. Busque alguém, busque um amor; mas busque um que não tenha prazo de validade, afinal, você é pessoa, não produto; um "Tu" e não um "Isso".

O namoro poderia perfeitamente ser um bom preparo para um relacionamento duradouro, como ensaiar uma dança a fim de dançar para sempre com seu par. Entretanto, o namoro como existe atualmente não passa de uma conexão frágil, ou, se preferir, uma relação meramente instantânea e descartável.

Vampiros em busca de pescoços

Essa ideia consumista dos relacionamentos pode ser ilustrada com a metáfora do vampiro. Está na moda relacionar vampiros e romance, especialmente após a explosão da saga *Crepúsculo*. O filme, baseado no livro de mesmo nome, narra a história de uma menina que se muda de cidade e acaba se apaixonando por um rapaz, ou melhor, um vampiro de maquiagem branca chamado Edward. A trama é tão bem escrita e produzida que, ao final, você é levado a se envolver emocionalmente com a possibilidade de um amor entre seres humanos e vampiros.

De fato, consciente ou inconscientemente, associamos romance com alguma forma de vampirismo. Eu explico. O que realmente está na moda é o estilo vampiro de amar. O que seria esse tipo de amor? É aquele que nunca se doa, mas sente prazer enquanto suga. É aquele que jamais se satisfaz nas diferenças do outro, pelo contrário, suga do outro o que lhe convém. É um estilo de amor que não consegue aceitar decepções, mas ama o sangue fresco.

Como um bem de consumo, as pessoas amadas são apenas objetos da satisfação dos consumidores.

É o tipo de amor que não é feliz *apesar de*, mas apenas *à custa de*. É o que acontece com o fenômeno do ficar. Não se olha para quem o outro é. Muitas vezes, não existe nem a preocupação em saber o nome da pessoa, quanto mais a dor dela. O que se quer é somente a parte fresca: o sangue. Exclui-se a cumplicidade e o relacionamento em si, pois o que vale é apenas e tão somente a absorção. Isso ilustra bem o aspecto consumista e individualista dos nossos relacionamentos.

Você já passou por essa experiência? Já se sentiu "absorvido" por alguma relação? Invertamos a situação. Podemos dizer que você é um consumidor de pescoços que não está interessado em relacionamentos verdadeiros, mas em apenas satisfazer suas necessidades imediatas por prazer? Sejamos honestos. Não apenas agimos assim, muitos de nós se orgulham de terem mordido dezenas de pescoços em uma só noite. Alguns rapazes se sentem como heróis devido a tal façanha. Mal sabem eles — ou talvez até saibam e já se acostumaram — que estão trocando a oportunidade de fazer um relacionamento ser duradouro por um prato de lentilhas.

Você foi feito para ficar, beijar e largar? Isso resume o sentido da sua vida? Isso é tudo o que você vale? Se sua resposta é não, por que, então, você continua vivendo uma mentira como se fosse uma verdade? É hora de mudarmos o nosso estilo de vida. Deus nos criou para algo maior, mais profundo e mais belo. Ele nos criou para experimentarmos o prazer sem culpa, num ambiente de segurança e liberdade. Você pode me chamar de maluco, mas muita gente experimenta esse tipo de satisfação no casamento.

Testemunho do Elias

Jean, quero te contar como o seu livro abençoou a minha vida e da Jake quando ainda nem namorávamos. Quando recebi a prévia do livro, percebi, logo nas primeiras folheadas, como ele iria me ajudar a aperfeiçoar o meu sentimento pela Jake e esclarecer algumas dúvidas que tenho em relação ao namoro. Mas a Jake não poderia ficar de fora, então a convidei para ler comigo. Ela, de cara, aceitou, e então começamos a ler...

Cada um na sua "telinha" do celular e afastados por uma longa distância... Decidimos responder as perguntas que existiam no final de cada capítulo e combinamos que cada um deveria enviar suas respostas para o outro, para cada um saber o que o outro pensava sobre o assunto. E assim fomos lendo e respondendo, lendo e respondendo... E cada um salvando no seu bloquinho de notas do celular essas respostas (e elas estão salvas com a gente até hoje).

Até agora só contei história, né? A respeito do livro... Cara, ele me esclareceu e aperfeiçoou tantas coisas que eu achava que sabia sobre relacionamento, mas que, na verdade, nada sabia! Logo de cara, percebi que, se eu quisesse ter algo sério com a Jake, deveria parar de pensar demais em mim e começar a pensar nela... Pois, caso contrário, eu seria um vampiro, que só sugava e pensava na minha satisfação. Então, pensei: "Vamos melhorar, sr. Elias!".

Houve um capítulo que me fez refletir bastante. Ele falava sobre o foco principal de um namoro. Isso me fez pensar: "Para que eu quero namorar? Por que eu gosto dela? Qual é o meu foco?", e esse capítulo mostrava que o namoro deve sempre visar o casamento. Pelo fato de eu ser cristão, o livro esclareceu ainda mais que o meu alvo deveria, desde o começo, ser esse. E assim fomos, Jean. E aos poucos, sem perceber, estávamos crescendo juntos, e eu, principalmente, me tornei um homem muito melhor. Alguns dos temas do livro eram sempre lembrados em algumas de nossas conversas.

Todo esse aprendizado me levou a tomar uma das melhores decisões da minha vida: pedi a Jake em namoro, cara! A felicidade em saber que Deus me ajudou a melhorar por ela, que consegui seguir padrões para que o nosso namoro seja para honra e glória do Senhor, me faz ser ainda mais grato, e ela me faz o homem mais feliz. Esses padrões foram muito bem esclarecidos pelo seu livro. No dia em que eu pedi a Jake em namoro, ela usou uma frase do livro para demonstrar sua felicidade por ter se tornado minha namorada. Ela disse: "[...] como nós aprendemos no livro lembra? 'o amor não suga, ele doa', e é isso que temos feito um pelo outro, mais você do que eu [...]".

Isso me fez chorar demais. Chorei por saber que tudo valeu a pena, por saber que Deus se manteve no centro do nosso sentimento e, agora, vai continuar com a gente, só que nessa nova fase: no nosso ensaio. Estaremos nos doando e orando juntos um pelo outro, com foco no alvo principal. Obrigado, Jean!

A criptonita da nossa geração

Por razões diversas, nossa geração foi convencida de que o casamento é uma espécie de criptonita que enfraquece a nossa força ou reduz de alguma forma o nosso potencial amoroso. Uma vez perguntei a um amigo chegado se ele tinha interesse em casar-se. Para minha surpresa, ele respondeu que sim. Curioso, fiz outra pergunta: "Com que idade você pensa em realizar este sonho?". Então, veio a confirmação da minha suspeita. Ele respondeu:

"Depois dos quarenta, com certeza". Dei algumas risadas e questionei: "Por que esperar tanto assim?". Ele concluiu: "Sou muito novo. Tenho muito tempo ainda para aproveitar a vida. Depois de viver tudo o que eu puder, experimentar todos os prazeres possíveis que me são disponíveis, aí sim, acho que é hora de me casar!". Em suma, o casamento para ele é como o fim da carreira, uma espécie de aposentadoria do vigor relacional.

A resposta desse meu amigo sintetiza o que muita gente pensa. Muitos acreditam que ser jovem e casar-se parecem duas ideias que não foram feitas para andar de mãos dadas. É coisa de gente conservadora, uma instituição falida. Em troca do casamento, embarcam num rodízio de relações curtas, baratas e instantâneas. Fazem isso sem perceber que o individualismo e consumismo são, na verdade, as ideologias falidas que não entregam o que prometem.

Castelos de areia

Após mais de uma década casado com a mesma mulher e vivendo os melhores anos da minha vida, não me vem outra imagem na cabeça para representar essa filosofia narcisista de vida a não ser os castelinhos de areia. Imagine que você tem duas opções. A primeira é estar numa praia deserta, paisagem deslumbrante, um mar limpo, cristalino e refrescante à sua disposição. Ao invés de mergulhar de cabeça e se banhar por inteiro, você prefere se assentar na areia da praia e se deleitar na edificação de castelinhos de areia, achando que chegou ao seu limite máximo do prazer. Na verdade, é isso que meus filhos gostam de fazer quando vamos à praia. É até divertido, os castelinhos de areia passam e se desintegram com o primeiro vento que aparece.

Acredito que isso exemplifica o que é viver de paixão em paixão. Você pode até chegar em uma quantidade grande de emoções (muitos castelinhos), mas nenhuma delas com a profundidade que está à sua disposição; afinal, você não mergulhou no mar. O casamento, se bem nutrido e cultivado, equivale a ter vivido com uma só pessoa, mas com muito mais intensidade e profundidade. Viver de paixão e paixão, por mais que pareça ser uma grande aventura, te permite apenas ficar boiando na superfície do amor. Por outro lado, o casamento, por mais que pareça ser uma aventura restrita, te possibilita mergulhar mais fundo no amor do que quaisquer experiências já vividas antes.

Tenho uma história que ilustra bem isso. Um amigo de infância, não cristão, namorou uma moça por mais de doze anos. Obviamente, ele teve todo tipo de experiências sexuais com ela. Um dia, depois de descobrir que eu havia me tornado cristão e me casado, nos encontramos por acaso e ele me fez uma pergunta muito curiosa: "Como é fazer sexo depois do casamento?". Antes de dar a minha resposta, fiz outra pergunta a ele: "Por que você quer saber?". Então, ele respondeu: "Faz doze anos que namoro, fazemos sexo rotineiramente e, para falar a verdade, tenho experimentado mais prazer na masturbação do que junto com a minha namorada".

De fato, ele abriu o coração e tivemos uma boa conversa. Pude compartilhar que, quando o sexo não está debaixo da benção de Deus, da segurança, liberdade e confiança — que geralmente é o caso no casamento — ele se torna uma experiência que vale muito pouco, um castelinho de areia. São relações marcadas por culpa, às escondidas, sem a aprovação dos pais, sem propósitos definidos, em qualquer lugar, sem preparação, sem graça e que muitas vezes causam doenças, frustrações e feridas emocionais, sem falar numa possível gravidez indesejada.

Embora possa ser radical demais para alguns, a verdade é que alguns jovens se comportam como verdadeiros animais. Como o sexo de cães, coelhos ou aves, alguns veem a intimidade sexual como um comportamento instintivo. É violento, superficial, biológico, pobre, rápido e nem é digno de ser lembrado. É pouco perto daquilo que Deus preparou para nós, seres criados à sua imagem.

Amor ou autogratificação?

Além disso, por detrás dessa ideologia de consumo, habita um coração carregado de egoísmo. Quando uma pessoa diz: "Para que casar e ter uma pessoa só, se eu posso ser livre e ter quantas eu quiser?", na verdade, o que ela está dizendo é: "Não quero o seu choro, não quero dores de cabeça, não quero cuidar da tua doença; o que eu quero é absorver de você até onde eu puder para me fazer feliz".

Em quem estamos pensando ao defendermos essa ideologia? Apenas em nós mesmos. E, por não haver espaço para o outro em nossos relacionamentos, ele deixa de ser um "relacionamento". O melhor nome que encontrei para definir esse tipo de relacionamento egoísta é masturbação, pois o meu parceiro não é outra coisa senão uma imagem para me propiciar prazer. Não o quero pelo que ele realmente é, mas pelo que ele pode me oferecer.

Faça um favor para si mesmo: nunca mais chame esse tipo de relacionamento egoísta de amor, porque não é. No amor a gente se doa para o outro pelo que o outro é, não pelo que ele é capaz de oferecer. É doação, não absorção. É oferta, não autogratificação. Muito cuidado com as filosofias que você defende, sr. Egoísta! O fim de todo egoísta é um só: morrer triste e sozinho. Como nas lendas medievais, o trágico desfecho dos vampiros é morrer engasgado com o próprio sangue.

Tome posição e abandone esse estilo de vida vampiro. Pare de buscar satisfação por meio do prazer que dura apenas trinta segundos. Não espere saciar a sua sede bebendo água de uma fonte contaminada. A sabedoria bíblica nos ensina que a nossa sede por relacionamentos é, na verdade, uma sede pelo amor que somente Jesus Cristo pode oferecer (cf. João 4). Quem busca saciar a sede da alma em relacionamentos passageiros voltará a ter sede, mas quem bebe do amor de Cristo será saciado para sempre.

Ficar com apenas um(a) ou tentar ficar com mil?

Estou convencido de uma coisa: quem vive em busca de várias mulheres — ou de vários homens — não sabe o que é o amor, porque sua tarefa é sempre a mais fácil do mundo. Enrola com a mesma conversa, conta as mesmas histórias e usa a mesma estratégia. Por outro lado, quem escolhe amar uma pessoa só tem a tarefa mais difícil do mundo: reinventar-se todos os dias para conquistar o outro, agradá-lo e surpreendê-lo. Amar é a arte de conquistar a mesma pessoa por toda a vida. Existe uma frase que é atribuída a Leon Tolstói e com a qual eu concordo plenamente:

> *O homem que conheceu apenas a sua mulher e a amou, sabe mais de mulheres que aquele que conheceu mil.*

É muito mais fácil ser pastor de mil igrejas do que pastorear uma só igreja durante a vida inteira. É muito mais fácil jogar em vários times de futebol do que permanecer em apenas um time durante toda a carreira. Da mesma forma, é muito mais fácil ter mil mulheres do que amar a mesma mulher por toda a vida. Relacionamentos assim exigem amor sacrificial, superação de crises, dores de cabeça, noites maldormidas, a construção de respeito mútuo, tolerância diante das diferenças, organização, muita paciência, entre muitas outras coisas. São relacionamentos assim que nos mantêm mais seguros, confiantes, autênticos e preparados para qualquer maré contrária.

Deus é um estraga-prazeres cósmico?

O que Deus tem a ver com tudo isso? Afinal, Deus é um estraga--prazeres cósmico? Em certa medida, alguns têm essa visão porque imaginam uma vida de santidade como algo apático, desinteressante, como viver num mosteiro, com uma roupa larga e longa, rezando ou praticando algum ritual religioso durante horas. De acordo com a sabedoria bíblica, isso não faz o menor sentido. Deus não é um estraga-prazeres cósmico, pelo contrário, ele nos criou para experimentarmos verdadeira alegria.

Deus não é contra o sexo, afinal, ele é o inventor do sexo. Intimidade sexual é um projeto divino, não um passatempo carnal. Na música "Amor e Sexo", de Rita Lee, esse tipo de equívoco é amplamente difundido quando a cantora diz: "amor é cristão, sexo é pagão". Esse, definitivamente, não é o cristianismo baseado nas Escrituras!

Tome, por exemplo, os dois primeiros capítulos da Bíblia, Gênesis 1 e 2. O que vemos neles? Deus cria o mundo, coloca o homem nele, faz uma mulher e a apresenta a ele. Como forma de gratidão, o homem escreve o primeiro poema romântico da história: "Esta é, afinal, osso dos meus ossos, carne da minha carne" (Gênesis 2:23). O texto prossegue dizendo que eles viviam nus, diante de Deus, sem culpa, vergonha ou inseguranças, desfrutando o melhor da relação a dois. De fato, a primeira palavra de "benção" na Escritura está relacionada à sexualidade: "E Deus os abençoou e lhes disse: — Sejam fecundos, multipliquem-se, encham a terra e sujeitem-na. Tenham domínio sobre os peixes do mar, sobre as aves dos céus e sobre todo animal que rasteja pela terra" (Gênesis 1:28, NAA). Multiplicar a raça humana, por meio do sexo, é algo que sempre foi considerado uma bênção a ser celebrada pelo povo que ama o Criador.

Um detalhe importante: estamos falando somente dos dois primeiros capítulos da Bíblia! Mais à frente, temos um livro inteiro dedicado apenas ao romance do casal, o *Cântico dos Cânticos* (ou *Cantares de Salomão*, dependendo da versão do texto bíblico). De fato, Deus não apenas é o criador do sexo, ele se satisfaz quando vê suas criaturas desfrutando legitimamente daquilo que ele criou para o proveito delas. Deus criou o homem e a mulher para serem, um para o outro, fontes inesgotáveis de prazer:

> *Jardim fechado és tu, minha irmã, noiva minha, manancial recluso, fonte selada. (Cântico dos Cânticos 4:12)*

E, em outro lugar, no livro de Provérbios, Salomão diz:

> *Seja bendito o teu manancial, e alegra-te com a mulher da tua mocidade [...] Saciem-te os seus seios em todo o tempo; e embriaga-te sempre com as suas carícias. (Provérbios 5:18-19)*

Sexo é pagão? Impossível ver isso na Escritura. Sexo é um presente divino para a criação de Deus. O problema, como já vimos, é que temos empobrecido o sexo. Na compreensão bíblica, o sexo é um mergulho profundo numa praia paradisíaca e deserta do relacionamento, não uma curtição banal. Alguns amigos enxergam o sexo como uma rapidinha, um jeito de livrar-se dos problemas, um refúgio ou uma ida ao prostíbulo. O projeto de Deus, porém, é santo e ao mesmo tempo maravilhoso.

O sexo é mais santo do que você imagina

Vamos falar um pouco sobre o sexo. Peço permissão a você, leitor, para contar por experiência própria. Na minha primeira experiência com minha esposa, em nossa lua de mel, antes de qualquer coisa, demos as mãos e fizemos uma oração agradecendo a Deus por aquele dia. Antes que você comece a rir, vou dizer com todas as palavras: o sexo é mais santo do que você imagina. Pelo que me lembro, a oração foi mais ou menos assim:

> *Deus, obrigado porque agora ela é totalmente minha e eu sou totalmente dela. Na tua presença sentimos liberdade e segurança. Faça esta noite entrar para a história de nossas vidas. Ensina-nos a fazer aquilo que não sabemos fazer. Que seja uma noite prazerosa não apenas para nós, mas que o Senhor, o autor do sexo e arquiteto da alegria, se alegre com a nossa alegria. Em nome de Jesus, amém.*

Sexo é maravilhoso, mas para quem o experimenta de acordo com o manual do fabricante, o Criador. Meu medo é que poucos jovens, ou mesmo adultos, têm tido o privilégio de experimentar essa liberdade, satisfação e segurança no sexo. Geralmente os sentimentos são culpa, medo e insegurança. E inclusive cristãos casados ainda não descobriram o quanto essa prática pode ajudar a melhorar a relação a dois em todas as áreas da vida. Infelizmente, milhares de casais se separam porque são negligentes na parte sexual.

O casamento é uma aliança que deve ser mantida, entre outras coisas, pela relação sexual. Leia o livro de Cântico dos Cânticos para você ter uma ideia do que estou falando. Sexo não é qualquer coisa. Não é como ir à padaria comprar pães. Não é algo banal. Sexo é uma benção sagrada, procriativa e recreativa para os casados.

Dentro do casamento, espera-se que o exercício da intimidade sexual seja sempre criativo e frequente. O apóstolo Paulo deixa isso muito claro:

> *Não vos priveis um ao outro, salvo talvez por mútuo consentimento, por algum tempo, para vos dedicardes à oração e, novamente, vos ajuntardes, para que Satanás não vos tente por causa da incontinência. (1Coríntios 7:5)*

O sexo é um dos momentos de maior intimidade e prazer na vida de um casal. É também uma forma de adorar e celebrar a Deus por ele ser o Criador e sustentador de todas as coisas. É uma oportunidade maravilhosa de fazer o outro feliz, e não apenas a si mesmo. É um ambiente de graça, doação e oferta, não de consumo e absorção.

Enganam-se aqueles que veem o casamento como um ambiente em que o sexo é chato e ausente. Todo casal tem suas dificuldades e suas fases altas e baixas, mas a graça de Deus é tão maravilhosa que renova o nosso amor pelo cônjuge e nos faz desfrutar do sexo como algo sempre novo e surpreendente, mesmo sabendo que estamos com a mesma pessoa de sempre.

Você quer desfrutar esse milagre em sua vida também? Entregue-se totalmente a Deus, pois, com o coração nas mãos dele, poderemos desfrutar os mais altos níveis de alegria que jamais experimentamos em coisa alguma. Eu provei por mim mesmo e te garanto com a minha palavra.

Como diz o apóstolo Paulo, a sabedoria de Deus é loucura para os homens. Porém, para os que creem, "a loucura de Deus" é verdadeira sabedoria (1Coríntios 1:25). Veja a ironia: a sociedade secular vê "sabedoria" na banalização da sexualidade. Para eles, é uma questão de liberdade e busca por autoconhecimento. No entanto, para nós esse tipo de pensamento é "loucura". De tanto banalizarem o sexo, o secularismo do nosso tempo revela o quanto menospreza a intimidade que o corpo criado por Deus é capaz de proporcionar. Nós cremos que não há nada de "loucura" no fato de preservarmos a pureza das relações íntimas dentro da aliança de casamento. Pelo contrário, essa valorização dele é "sabedoria de Deus", visto que estamos revelando o quanto o sexo é um presente precioso que o Criador nos deu.

Quiz para refletir sozinho ou acompanhado:

1. O que significa aproveitar a vida para você?
2. O que é o aspecto consumista dos relacionamentos?
3. O que você entende por um "namoro vampiro"?
4. Você acha que o compromisso é uma criptonita do amor?
5. Qual é a relação entre Deus e sexo?
6. Você tem vontade de viver um amor que seja para sempre?

Namoro
como ensaio

O que seria o namoro à luz da sabedoria bíblica? Escrevo este livro para tentar ajudar você a entender que o namoro não se trata de um passatempo. Pelo contrário, o namoro é um tempo que a gente desfruta a fim de passar o resto da vida juntos. Neste capítulo, pretendo responder quatro perguntas: 1. Para que serve o namoro? 2. Qual é a hora ideal para namorar? 3. Como devo escolher alguém para namorar? 4. Qual deve ser a duração de um namoro?

Para mim, o texto central para falarmos qualquer coisa a respeito de relacionamentos, seja casamento, namoro, noivado, sexo etc., é Gênesis 2:24:

> *Por isso, deixa o homem pai e mãe e se une à sua mulher, tornando-se os dois uma só carne.*

Esse versículo, ainda que não aparente ter tanta informação assim sobre o assunto, possui tudo o que precisamos. Ele nos revela os princípios mais importantes quando a nossa tarefa é pensar sobre relacionamentos e traz pelo menos quatro princípios que serão a base para todo o conteúdo do livro que virá a seguir:

1. Deus deu ao homem o privilégio e a missão de tomar iniciativa: "deixa o homem".
2. Responsabilidade e independência dos pais precedem os relacionamentos: "deixa [...] e une-se".
3. Deus criou relacionamentos para culminarem em casamento: "une-se à sua mulher".
4. O casamento é selado com o sexo: "tornando-se os dois uma só carne".

Vamos dar uma prévia do que significa cada parte do versículo. Primeiro, Deus deu ao homem o privilégio e a missão de tomar a iniciativa nos relacionamentos. Existem várias razões para isso, mas a principal é porque Jesus Cristo, na Bíblia, é comparado ao marido, e a Igreja, à sua noiva/esposa. Deus toma a iniciativa e vai até o seu povo para salvá-lo. Da mesma forma, o apóstolo Paulo diz, em Efésios 5:22-33, que o marido deve desempenhar o papel de Cristo no casamento, e a mulher, o papel da Igreja.

Isso não significa que a Bíblia seja machista, que o homem é Deus no relacionamento ou que a mulher deva ser inferiorizada na relação. De forma alguma! Paulo está fazendo comparações. Ele quer nos ensinar que Deus, em sua sabedoria, deu a responsabilidade ao homem para ir atrás de sua companheira. Ele representa Cristo, não é Cristo.

E aqui vale uma aplicação para as mulheres: se a pessoa que você gosta não toma a mínima iniciativa, é sinal de que ele não gosta de você ou é "um banana". Você pode insistir e tentar "dar uma força", jogar o seu perfume no ar, mas se ele for devagar mesmo, no fim das contas, o mesmo comportamento perdurará por muito tempo. Meu conselho é: fuja desse rapaz e continue procurando alguém que tenha coragem e seja proativo. Admire homens que tenham postura, iniciativa e não esperam que a mulher faça o papel que é dele.

E, obviamente, não poderia me esquecer de dizer a vocês, homens: não sejam bananas. Tenham postura e iniciativa. Deus deu esse papel a nós. Não esperem elas virem até vocês, vão vocês até elas. Sejam confiantes, entendam que Deus formou vocês para serem homens. E uma das marcas que Deus deu ao homem na criação foi a da responsabilidade de ser proativo, ir atrás, e não esperar as coisas caírem do céu.

Em segundo lugar, responsabilidade e independência dos pais precedem os relacionamentos. O texto é claro ao dizer que, antes de fazer união com qualquer mulher, é pré-requisito deixar o homem a casa do pai e da mãe. É claro que o contexto de Gênesis é o casamento, mas, aplicando para a realidade do namoro, podemos dizer que uma responsabilidade mínima espiritual, financeira, moral e social está em jogo. Vamos tratar disso mais à frente.

Em terceiro lugar, Deus criou os relacionamentos para culminarem em casamento: "une-se à sua mulher". Novamente, o texto está se referindo ao casamento... "sua mulher". Aplicando esse princípio ao namoro, podemos afirmar que todo namoro deveria ser um ensaio para o casamento — esse foi o princípio que me deu o *insight* para o título deste capítulo. O ideal de Deus ao formular esse princípio é o de que ninguém deveria começar um namoro sem nenhuma perspectiva de um dia se casar.

Por último, Deus criou o sexo para selar o compromisso de casamento: "os dois se tornarão uma só carne". A expressão "uma só carne" é uma linguagem figurada para união sexual.

O apóstolo Paulo confirma essa interpretação em 1Coríntios 6:16-17. O sexo é o ato que une as duas engrenagens em uma só peça. E é por essa razão que quanto mais os casais exercitam-se na intimidade sexual, mais eles se unem e são capazes de superar as dificuldades da vida a dois.

Agora vejamos, será que esse padrão bíblico tem sido obedecido atualmente, inclusive pelo povo que se chama pelo nome de "cristãos"? O gráfico ideal de Gênesis 2:24 seria o seguinte:

1. Independência dos pais;
2. Casamento;
3. Sexo.

Se acrescentarmos o namoro dentro da cosmovisão bíblica, em qual ordem ele ficaria? Proponho a seguinte:

1. Independência dos pais;
2. Namoro;
3. Casamento;
4. Sexo.

Infelizmente, a realidade que vemos tanto dentro quanto fora das igrejas geralmente é bem bagunçada. Você deve conhecer várias histórias dentro desses padrões, como:

1. Ficar ou namorar sem propósito;
2. Sexo livre;
3. Em caso de gravidez, pensar em casamento;
4. Independência à força ou para pagar pensão.

Em outras palavras, um namoro ideal, que está relacionado a um processo de buscar responsabilidade e independência dos pais, encontrar uma pessoa, casar-se e só depois iniciar as relações sexuais, está muito distante da realidade presente. Vamos, então, pensar mais seriamente sobre isso.

Afinal, para que serve o namoro?

Passatempo ou compromisso?

Imagine que você está numa bifurcação e precisa fazer uma escolha. Dois caminhos diferentes e opostos jamais levarão ao mesmo lugar. Assim também é o namoro. Para ir direto ao ponto, você necessariamente precisa escolher entre dois caminhos: o passatempo ou o compromisso.

Na primeira opção, o namoro é um jeito de passar o tempo. Ele existe para curtir, e isso é o que realmente importa. As pessoas que namoram por lazer entendem que namorar nada mais é do que "pegar uma pessoa emprestada", "ficar" com ela para viver bons momentos. Escrevi alguns versos que exemplificam isso.

Ficar:
É estar para curtir, não para durar.
É estar para ter prazer, não para crescer.
É querer apenas ficar, não viver.
É querer sem razão, estar por estar.
É tomar emprestado o que não é seu e nunca será.
É beijar com gosto de despedida.
É abraçar sabendo que não terá mais depois.
É entregar-se e depois dizer "tchau!".
É uma curtição de curto tempo.

É usar o outro como produto, não como gente.
Ficar é diluir o amor:
"Amo você pelo que posso receber,
não pelo que posso oferecer".
Ficar é diminuir a dignidade do ser,
Pois diz: "Consumo até onde puder,
depois descarto você".

Há, desde sempre, músicas que falam sobre isso. Mas, de alguns anos para cá, a forma explícita do tema trazido nessas canções, infelizmente, faz com que pareça algo muito normal. E essas músicas são pensadas e executadas para grudarem como chiclete na cabeça de quem as ouvem. E isso vai transformando algo errado em algo normalizado. Um exemplo disso são os chamados "sertanejo universitário", funks ou músicas pop do momento, que banalizam o amor e tratam o relacionamento como algo passageiro e sem intuito final.

Aqueles que entregam seu coração mais vezes para mais pessoas não são os que têm mais amor ou os que são mais amados, são justamente os mais carentes por serem os mais vazios e infelizes. Relacionamentos assim se dão na base de um amor à moda vampiro. É aquele relacionamento que nunca se doa, pelo contrário, suga. É um relacionamento que só deseja a parte fresca da pessoa, e não as partes amargas e azedas. Não se deseja cumplicidade, apenas absorção. É um relacionamento de amizade curta e de conversas superficiais. É um relacionamento de troca e não de partilha, e que, portanto, está fadado à morte. Não se entregue para esse tipo de relacionamento. Eles são uma armadilha contra a sua própria satisfação. Relacionamentos foram feitos para durar.

Na segunda opção, o namoro é um ensaio para o casamento. Na Bíblia, não há espaço para relacionamentos descartáveis e instantâneos, pois Deus deseja que vivamos relacionamentos duradouros. O projeto de Deus para nós é que encontremos alguém não para ficar, mas para durar.

Namoro não é pegar alguém emprestado, é um vestibular para ter alguém para sempre. Namoro não existe para beijar e dizer tchau no dia seguinte. No namoro, ensaiamos um beijo porque pretendemos beijar para sempre. O namoro não é um fim em si mesmo. Não devemos namorar por namorar, devemos namorar para casar. O fim principal do namoro é ensaiar bem todos os passos da dança até entendermos que estamos prontos para dançar com o nosso par para a vida toda.

Namoro não é absorção, mas doação. Namoro é um tempo especial para desenvolvermos a amizade, conversas longas, sonhos, crescimento, divisão de problemas e multiplicação de alegrias. É um momento de desenvolver o amor. Um amor que realmente esteja pronto para o sacrifício. Gravemos a ordem do apóstolo Paulo:

> *Maridos, amai vossa mulher, como também Cristo amou a igreja e a si mesmo se entregou por ela. (Efésios 5:25)*

Com base no versículo mencionado, eu diria aos namorados: "Homens, amem suas namoradas, sim, aprendam a amá-las como Cristo amou o seu povo, se entregando à morte por ele". Resumindo, quem ama deve estar preparado para morrer pelo outro. O namoro é uma boa etapa preparatória para avaliarmos a genuína manifestação do nosso amor.

A palavra-chave para o namoro é preparação. É um momento para amadurecer, conhecer, pensar, analisar, ensaiar, testar e errar até você concluir que essa pessoa realmente é alguém com quem vale a pena se casar. Namoro é um ensaio para o casamento.

Agora, vamos responder a segunda pergunta: qual seria a melhor hora para começar um namoro?

Intuição apaixonada ou responsabilidade mínima?

Muitos me perguntam sobre o momento certo de iniciar um relacionamento. Obviamente, para algumas pessoas o critério para o início é um; para outros, é totalmente diferente. Analisemos as duas opções.

A primeira é a mais conhecida: namore quando der vontade. Os sentimentos são a melhor maneira de você perceber quando deve começar a se relacionar com alguém. Nessa perspectiva, a carência, os desejos e os sentimentos são os sinais que mostram quando é a melhor hora de começar a namorar. Seguir a voz do coração, fazer aquilo que deseja, ter liberdade, entregar-se para os braços da paixão. O importante é você se sentir bem, apesar de tudo.

No entanto, é preciso ter cuidado, pois os nossos sentimentos não são sempre confiáveis. A Bíblia diz que nós somos pecadores e temos um coração enganoso e corrupto (Jeremias 17:9). A vida não é assim tão simples. Não podemos fazer tudo aquilo que queremos. Não podemos seguir sempre a nossa vontade.

Mesmo assim, os namoros têm começado cada vez mais cedo. Digo por experiência própria. Meu primeiro beijo foi com 11 anos, e alguns amigos da minha época ainda disseram que eu estava atrasado. Isso está certo? O que será que a Palavra de Deus diz a respeito de iniciar um relacionamento quando bate a vontade? Existe uma hora certa?

A boa notícia é que temos a segunda opção. Ela está um pouco deixada para escanteio, mas continua viva: namore quando tiver um pouco de maturidade. Se você é adolescente, com certeza, sentiu um aperto no coração. O critério mais sábio para iniciar o namoro não é o sentimento ou a vontade, mas o princípio da maturidade. Obviamente, a questão da idade é relativa. Dependendo da cultura, as coisas mudam bastante. Maria, mãe de Jesus, por exemplo, casou-se com José quando tinha cerca de 16 ou 17 anos. Isso significa que ela iniciou seu relacionamento pré-marital sendo uma adolescente.

No entanto, na época de José e Maria, os noivados eram arranjados entre os clãs até o momento do casamento. Não existia namoro. Isso perdurou por milênios. Minha avó, por exemplo, casou-se com 14 anos, pois meu avô prometeu ao seu pai cuidar dela como se fosse sua própria filha. Eles viveram juntos mais de 50 anos. Será que podemos comparar aqueles "adolescentes" com os "adolescentes" de hoje? As diferenças são radicais. Como podemos saber se temos maturidade suficiente para iniciar um compromisso com alguém? Sugiro alguns itens essenciais.

Satisfação pessoal

Tem muita gente por aí que deseja namorar para ser feliz. Será que na prática isso dá resultados? Na perspectiva cristã, isso simplesmente não funciona. Não namoramos para ficar felizes, namoramos para compartilhar a felicidade que já temos. Nós, cristãos, sabemos que felicidade e realização do nosso ser está em Deus.

A menos que já tenhamos descoberto o amor de Deus, revelado na pessoa de Jesus, nenhum outro amor dará conta de nos fazer felizes.

Não coloque expectativas sobre as pessoas naquilo que somente Deus é capaz de suprir. O contentamento, por exemplo, é um presente que apenas o Senhor pode oferecer. Portanto, cada vez que depositamos nossa esperança de sermos satisfeitos em uma relação amorosa, estamos, na verdade, procurando nos seres humanos aquilo que só podemos alcançar no divino. Enquanto você não alcançar algum contentamento em sua dimensão pessoal, não valerá a pena se envolver em qualquer relacionamento amoroso. Antes, procure amadurecer sua vida espiritual, pois, se você não possui uma espiritualidade sadia enquanto solteiro, provavelmente não irá desenvolvê-la em um namoro. Não que seja impossível, mas é menos provável.

Engajamento financeiro

Você trabalha ou tem alguma renda? Embora isso valha para homens e mulheres, a prioridade nesse aspecto é dos homens. O homem que deseja namorar e se casar precisa ser alguém financeiramente responsável. Obviamente, a mulher pode trabalhar, e isso será bom para que o casal cresça financeiramente juntos. O que não é aconselhável, especialmente aos homens, é querer namorar antes de ganhar seu próprio dinheiro.

Não comece a namorar alguém se você ainda não tem um trabalho ou uma fonte de renda. Deus presenteou o homem com uma estrutura fisiológica favorável ao esforço e ao trabalho. Em outras palavras, o homem tem uma estrutura corporal mais forte e sente-se feliz em prover os recursos para sua família.

Isso é um princípio do casamento e, assim sendo, é bom começar a exercitá-lo logo no namoro. Está sobrando homens casados, hoje em dia, que não querem saber de trabalhar e sustentar a casa. Não queira fazer parte desse grupo.

Por outro lado, a mulher tem uma estrutura mais sensível (1Pedro 3:7). O homem é como a planta, a mulher, como a flor. O homem geralmente é mais racional, a mulher, mais emotiva. O homem é aquele que foi criado para dar segurança, e isso não diminui o valor das mulheres. Elas são iguais a nós em valor, mas diferentes — não inferiores — em suas funções.

Não há pecado em uma mulher ser a mantenedora da casa, pois, às vezes, determinados contextos exigem isso. O próprio Jesus recebia parte de seu sustento de algumas mulheres (Lucas 8:1-3). Contudo, devemos tomar cuidado para não sobrecarregar nossas parceiras, pois a responsabilidade de sustentar a casa foi dada por Deus ao homem. Ele vai pedir contas ao homem a esse respeito, não à mulher. Portanto, cada casal precisa conversar sobre finanças com muita sabedoria e responsabilidade.

Outra observação importante: não acredito que todos os casais que começam a namorar antes de trabalhar estão em pecado. Há casos e casos. Em alguns deles, seria tolice, principalmente quando são adolescentes imaturos. Há também alguns jovens que namoram enquanto fazem faculdade em tempo integral e não podem fazer outra coisa a não ser estudar. Cada caso é um caso.

De forma geral, o que as Escrituras tentam nos ensinar a esse respeito é que "responsabilidade precede relacionamentos". Sendo assim, iniciar um namoro com uma pessoa que não é responsável, não faz planos para o futuro ou não se preocupa em prover os recursos para sua namorada e, em breve, futura esposa (e vice-versa) é não apenas uma decisão imatura, mas também danosa para você mesmo.

Na minha visão "ultrapassada" das coisas, o ideal é que o homem "pague a conta", até mesmo no namoro, para exercitar/ensaiar sua responsabilidade de provedor no casamento, assim como Cristo o é da sua amada Igreja. No entanto, não precisamos ser radicais demais nesse assunto. Algumas mulheres têm condições iguais ou melhores que os homens e isso não precisa ser um problema. Nesses casos, é necessário que o casal entre em um acordo. Dividir a conta, às vezes, pode ser manifestação de harmonia e cumplicidade entre namorados. Só uma coisa, mulheres. Façam o favor de não acomodarem seus namorados a um comportamento ao estilo Homer Simpson; nenhuma mulher merece um homem preguiçoso e sem atitude.

Testemunho do Cadu

Preciso dizer que você fez muita diferença na minha vida, cara. Estava em Santo André na palestra sobre o seu livro *O significado do namoro* e, naquela noite, em especial, você focou muito na questão da confiança que falta nos homens em geral. Eu sou um deles.

Tenho 28 anos e sempre fui inseguro quando o assunto era relacionamento. Peguei a sua palestra para mim e, na semana seguinte, orei muito e até jejuei porque percebi que falta alguém na minha vida. E cara, eu tomei uma decisão: fui falar com uma garota de quem eu gosto na minha igreja. Confesso para você: eu fui pronto para levar um "não", correndo o risco de ficar na "friendzone"!

Sou amigo dela há um tempinho. Esperava pelo pior, mas aconteceu o contrário. Depois que eu abri meu coração e disse que gostava dela, a resposta foi: "Você não percebeu que eu estou gostando de você também, Cadu?". E então, tudo aconteceu, estamos namorando. Sua palestra me fez tomar uma atitude. Você não sabe o quanto eu estou feliz. Eu queria agradecer a você e, assim que tiver oportunidade, quero ir à tua igreja com a minha namorada para te dar um abraço. Foi muito importante para mim ouvir tudo aquilo. Valeu!

Valores e sonhos

Todo ser humano precisa desenvolver seus valores de vida. Quais são os seus? Antes de iniciar um namoro, você precisa ter convicções firmes sobre o que é verdade, família, religião, ética, honestidade, sonhos, trabalho, carreira, estudos, generosidade e respeito. Isso deve ser analisado antes, e não depois do casamento. Quem não desenvolve seus valores não vai compartilhar nenhum crescimento com outras pessoas. Em vez de somar, irá subtrair.

Desenvolvimento social

Você tem desenvolvido amizades e relacionamentos saudáveis? Muitos casamentos e relacionamentos terminam porque a mulher prefere passar mais tempo com as amigas, e o homem passar mais tempo com os amigos. Isso geralmente acontece porque tais pessoas não aproveitaram as amizades durante o período da juventude e, então, tentam resgatar essa fase da vida quando estão casados.

No caso do namoro, também não é diferente. Antes de iniciar um relacionamento, você precisa ter certeza de que aproveitou bastante os seus amigos. Precisa ter aproveitado a sua vida relacional. Esta etapa da vida é inegociável. Pessoas precisam de pessoas. Os homens têm necessidade de amizades masculinas e as mulheres, de amizades femininas.

Por mais que ensinemos este caminho alternativo de namoro, muitas meninas e meninos de 13 ou 14 anos já se consideram maduros o suficiente para começar um namoro sério. Bem, se você é um adolescente de 15, 16 ou 17 anos e pode amar e cuidar de uma mulher a ponto de tirá-la da casa dos pais, vá em frente. O problema é que esses adolescentes praticamente não existem na cultura ocidental moderna. Os "Josés", hoje em dia, estão muito sumidos.

Uma vez que os critérios mencionados forem respeitados, é hora de tomar uma atitude. Como começar um namoro cristão na prática? Sugiro algumas ações bem concretas:

- Ore e peça alguém especial a Deus (Provérbios 18:22; 19:14);
- Seja observador e escolha alguém que se encaixe naquilo que você está procurando;
- Converse com essa pessoa e marquem um encontro;
- Se tudo estiver correndo bem, não hesite em conhecer a família da pessoa, pedir a aprovação e benção dos pais;
- Se tudo deu certo até agora, peça a pessoa em namoro e deixe claro desde o início que seu objetivo no relacionamento não é passar tempo, mas entrar num ensaio até o casamento.

Agora, vamos à terceira pergunta. Quais seriam os critérios mais adequados na fase de escolher alguém para um relacionamento sério?

Atração física ou o conjunto todo?

Uma pergunta muito comum que me fazem é: "Como encontrar a pessoa certa?". Geralmente, pessoas que usam a expressão "pessoa certa", "metade da laranja", entre outros jargões do amor platônico, acreditam na famosa lenda da alma gêmea. Na Bíblia e na realidade, isso é conversa fiada. Não existe uma única pessoa certa para cada pessoa do mundo, até porque o número de homens universalmente é menor que o de mulheres. É exatamente por isso que existem várias pessoas que podem ser compatíveis conosco, não apenas uma.

Existem duas formas de escolher alguém para se relacionar. A primeira via é sempre a de escolher a mais atraente, pois certamente é a melhor pessoa. Muita gente pensa que o melhor sinal de que "fulana(o)" é a melhor pessoa para você namorar e casar é a sua beleza. Para alguns homens, por exemplo, o estereótipo de perfeição envolve um rosto lindo, olhos azuis, cabelo liso, seios fartos, bumbum avantajado, barriguinha magra, lábios carnudos e pele macia. Mas será que esse sinal é confiável? Muito cuidado! A beleza física é legal, mas desaparece. Para encontrarmos uma pessoa de Deus, que valha a pena, precisamos notar, além dessa, outras belezas.

A segunda via é a mais inteligente, a meu ver, pois não se deixa levar tão rápido pela paixão e pelos sentimentos: é a de escolher a partir do conjunto todo. Eu costumo crer nisso porque vejo muitos casais "bonitos" perderem a paixão após a primeira discussão; os sentimentos definitivamente escoam pelo ralo.

Vamos lá, não existe pessoa certa, "perfeita". A verdade é que existem pessoas compatíveis com o seu jeito, esse é o segredo. Para sermos mais práticos, vamos dar uma olhada naquilo que eu chamo de "Os 10 mandamentos para quem quer namorar e se casar".

1° Confie mais em sua razão do que nas emoções

As maiores causas de separações e divórcios hoje são incompatibilidade de gênero, vida financeira e sexo. Veja bem com quem você está se casando. Não veja só a embalagem, avalie bem a pessoa com a sua razão. Procure belezas que não passam.

2° Fique atento à forma como ele/ela trata os pais

Analise muito bem as palavras que ele(a) usa para tratar os pais, pois essa será provavelmente a maneira como você será tratado. Quem cultiva o hábito de honrar os pais estará em melhores condições de também honrar o cônjuge. Eu sou um exemplo de um mau filho, do tipo que era bem rebelde com os pais, que tinha tudo para ser um péssimo marido. No entanto, Deus foi gracioso comigo e mudou o meu coração anos antes de casar-me com a Gesiê. Ainda assim, a regra geral é verdadeira: um mau filho dificilmente será um bom marido. Sou profundamente grato a Deus por ter uma esposa tão paciente comigo a ponto de me amar e ver a exceção à regra se tornar um marido e pai abençoado por mais de 10 anos!

3° Ouça os seus próprios pais

Escute-os. A maioria dos casais que se unem com a desaprovação dos pais não vai adiante com o relacionamento. Procure também a opinião de pessoas que você respeita, seus líderes, livros sobre o assunto e amigos mais experientes. Não seja levado pela síndrome adolescente do "eu já sei de tudo".

4º Descubra os princípios de vida dessa pessoa

Ela certamente tem convicções firmes sobre verdade, família, caráter, honestidade, sonhos, trabalho, carreira, bondade e respeito. Você sabe quais são? Isso deve ser analisado antes, e não depois, do casamento. Se o(a) seu(sua) pretendente deseja levar você logo para a cama, ele(a) certamente não gosta de você. A verdade é que ele(a) quer apenas usar você e depois jogar fora. Respeito é fundamental. Conheça bem os seus valores.

5º Procure alguém que ama a Deus e a sua Palavra

Como cristãos, precisamos ver em nosso futuro cônjuge quais são as suas convicções a respeito da Bíblia, Cristo, culto, oração, igreja, espiritualidade etc. Não se relacione com alguém que é indiferente para com Deus. Se essa pessoa for indiferente para com Deus, certamente também será para com os valores absolutos da Bíblia, na prática da oração, não terá vontade de ir aos cultos e muito menos ter relação com pessoas da igreja. Isso faz toda a diferença.

6º Não viva à procura da pessoa perfeita

A "pessoa certa" é um mito, portanto não se desespere se você ainda não encontrou alguém assim. A verdade é que você nunca irá encontrar, pois não existe pessoa perfeita! Não existe alma gêmea, não existe pessoa sem defeitos, não existe princesa ou príncipe encantado. Não ande em busca da pessoa certa, faça diferente: torne-se a pessoa certa. O segredo é cultivar a si mesmo. Como diz o poeta gaúcho Mário Quintana: "O segredo é não correr atrás das borboletas. [...] É cuidar do jardim para que elas venham até você". Isso vale tanto para homens quanto para mulheres. Mas, atenção, homens: Não se acomodem demais, querendo que as mulheres venham até vocês.

7° Procure alguém que o ajude a ser uma pessoa melhor e não apenas mais "feliz"

O casamento existe para somarmos na vida um do outro e experimentarmos mais de Deus. Procure alguém que torne você uma pessoa melhor no caráter e mais parecida com Jesus. Reflita se ela lhe torna mais "feliz" momentaneamente, aproximando do pecado e afastando de Deus frequentemente. Isso diminuiria muitos aconselhamentos pastorais.

8° Procure alguém que tenha objetivos para casamento

Como dito anteriormente, a maioria das pessoas hoje quer namorar para passar tempo e aproveitar o que as outras têm de bom: boca, corpo, coisas e sexo. Procure alguém para compartilhar a sua vida, coisas boas e ruins, e não apenas o prazer barato de beijar, dar uns "amassos" e fazer sexo fora do casamento. Isso, no casamento, é cem mil vezes mais sensacional, dou minha palavra!

9° Não foque apenas na atração física

Já falamos disso antes, certo? Mas, como somos teimosos, vale a pena repetir. Olhos verdes, ruivas, morenos, musculosos, cabelo liso, seios siliconados, barriguinha magra, brancos, negros, lábios carnudos e blá, blá, blá... Não sou hipócrita para afirmar "não procure beleza", até porque acho minha esposa linda, mas, no fim das contas, isso vale pouco. Admire mais a personalidade do que a aparência. O legal do amor é amar o que a pessoa é por dentro e por fora.

10º Procure alguém que seja belo no conjunto todo

Para encontrarmos uma pessoa de Deus, precisamos ter um conceito total, pleno e integral de beleza. Procure alguém que seja belo em seu jeito de ser, personalidade, temperamento, fé, amor, palavras, carinho, disposição, serviço, atitudes, conhecimento, caráter, sonhos, amizade, família, profissão, entre outras coisas. Beleza vai além de curvas e traços corporais passageiros. Beleza é o que somos e seremos para sempre, não apenas o corpinho de vinte anos.

Resumindo tudo: pense bem. Os nossos sentimentos são especialistas em nos enganar e, pior, podem machucar bastante. Se você já está namorando alguém e depois de tudo que leu entrou em crise, leia o texto com seu namorado(a) e discutam a relação.

Testemunho da Jake

Olá, Jean. Eu sou a tal Jake, namorada do Elias! E, antes de qualquer coisa, quero agradecer primeiramente a Deus e depois a você que, com certeza, foi um instrumento usado por ele para que eu e o Elias estivéssemos juntos hoje. Que Deus continue abençoando sua vida e que, por meio dela, você possa continuar transmitindo a importância do Pai em nossa vida.

Bom, eu e o Elias nos conhecemos e, durante um bom tempo, passamos por muitas situações ruins: brigas, discordância, desunião, egoísmo, entre muitas outras coisas que não devem existir em um relacionamento (nós não namorávamos, estávamos nos preparando para isso).

Eu cresci com uma base de um relacionamento bom e saudável. Sempre fui aquela garota que esperava o príncipe encantado e sempre fui encarada com olhares estranhos quando compartilhava meus pensamentos (baseados na Bíblia) sobre relacionamentos. Sei que não existe príncipe encantado, mas também sei que Deus prepara o melhor para aqueles que confiam nele. Já o Elias tinha o pensamento diferente, e por isso sempre brigávamos; um não aceitava e não entendia o pensamento do outro.

Mesmo sem sermos namorados, nós sempre nos gostamos muito, mas nunca soubemos viver com os defeitos alheios, apenas queríamos sugar um ao outro... Brigas, brigas e mais brigas... Enfim... Depois de muita oração, o Elias voltou com determinação. Ele mudou, e foi aí que eu conheci o homem mais incrível que Deus poderia me dar. Nos perdoamos. O seu livro apareceu, e foi uma parte importante em todo o processo porque, assim como o livro o ajudou a entender tudo, também me ensinou mais e me corrigiu sobre o que eu pensava saber.

Eu e o Elias tivemos o privilégio de ler seu livro e, mesmo distantes um do outro, pudemos sentir sinceridade em cada mensagem, além do aprendizado. Aprendemos a exercitar, a cada dia, um relacionamento baseado nas leis do Senhor; aprendemos a aceitar um ao outro, conhecer um ao outro e nos doar um pelo outro. Enfim, pude aprender tanto que, por meio dele, pude orientar amigos, conseguir argumentos quando as pessoas "modernas" me questionaram e, repito, com a ajuda do seu livro pude encontrar o meu companheiro de viagem no preparo para o casamento. Aleluia!

Vamos, agora, à quarta pergunta: Quanto tempo deveria durar um namoro?

Duração dos sentimentos ou alicerces seguros?

Provavelmente você conhece algum casal que completou a marca de 10 ou até mesmo 15 anos de namoro. Isso pode ocorrer porque o namoro foi iniciado precocemente, seja pela falta de dinheiro, maturidade, trabalho ou outras coisas. Geralmente, o casamento se torna um sonho muito distante. Mas será que essa é a escolha mais sábia? Relacionamentos longos ajudam ou atrapalham? Qual seria o tempo adequado para um namoro saudável?

Alguns têm dito que o namoro deve durar enquanto há sentimento. Se acabar o sentimento, logo, deve acabar também o namoro. Outros argumentam que o casamento seria uma boa opção apenas quando o casal atinge a tão sonhada estabilidade financeira.

O raciocínio pode ser descrito assim: "Se o sentimento durar, a gente pode até pensar em morar juntos. Se depois de anos morando juntos fizermos uma boa faculdade, tivermos estabilidade financeira, casa própria, poupança no banco, aí sim, quem sabe, a gente pensa em casamento". Você conhece alguém que pensa dessa forma?

Acredito que esse raciocínio tem pelo menos dois problemas. Primeiro, ele alega que a permanência dos sentimentos é o critério principal para o sucesso da relação. Isso é claramente uma impossibilidade pelo simples fato que os nossos sentimentos oscilam o tempo todo. Como nas quatro estações do ano, às vezes acordamos apaixonados, de repente as folhas começam a cair, enfrentamos duros invernos e renascemos de amor como nas primaveras.

Em Portugal, por exemplo, a taxa de divórcio aumentou 89% de 1995 a 2004. Na Inglaterra, metade dos casamentos acabam antes dos 18 meses. A cada 33 segundos, acontece um divórcio na União Europeia.[1] No continente americano, ao longo dos últimos 15 anos, cerca de 16 milhões de crianças foram afetadas pelo fim do casamento dos pais.

Segundo a socióloga de família, a portuguesa Maria Engrácia Leandro, uma das razões para esses números é a "sentimentalização" do casamento. Segundo ela, "o casamento dura enquanto dura o amor sentimental; quando acaba o sentimento, acaba geralmente também o casamento".[2]

Quando nosso relacionamento está baseado nos sentimentos, ele acaba quando o nosso coração muda de estação, pois achamos que o que acabou, na verdade, foi o próprio amor. Por outro lado, quando a nossa relação está baseada no conceito da aliança, um amor que sobrevive independentemente das estações da paixão, a tendência é o ciclo do amor ser renovado e durar por muito tempo.

Ricardo Agreste diz que "o amor é uma decisão de amar o outro ao longo de uma jornada, mesmo sabendo que haverá instabilidades geradas pelos sentimentos [...] e somente o amor, como uma atitude, pode fazer que uma relação vença o tempo".[3]

---

1 Dados do Instituto de Política Familiar (IPF), em Madri. Para saber mais, acesse: www.ipfe.org.

2 Cf. o artigo todo sobre o tema em: LEANDRO, Maria Engrácia. Sociologia da família nas sociedades contemporâneas. Lisboa: Universidade Aberta, 2001.

3 AGRESTE, Ricardo. *Feito para durar*. Santa Bárbara d'Oeste: Z3 Ideias, 2010, p. 33.

Como na jardinagem, arrancar a planta não resolve. Precisamos aprender a suportar os invernos da relação, vencer as pragas que invadem o nosso jardim. Isso funciona. Para aqueles que permanecem fiéis à sua promessa de viverem juntos apesar das estações do sentimento, a primavera promete sempre bater às portas.

Em segundo lugar, existe um problema sério com essa história de estabilidade financeira. Alguns acreditam que o namoro só poderá transformar-se em casamento quando as finanças não forem mais um problema. Mas, pense bem, quantas pessoas em nossa sociedade tem estabilidade financeira? Quanto tempo demora para chegar neste patamar? Quantos anos de namoro são necessários ter para alcançar este nível? Ou podemos nos perguntar algo ainda mais sensato: Existe, de fato, esse negócio chamado estabilidade financeira?

O apóstolo Paulo dá uma orientação muito pertinente a esse respeito ao jovem pastor Timóteo:

> *Exorta aos ricos do presente século que não sejam orgulhosos, nem depositem a sua esperança na instabilidade da riqueza, mas em Deus, que tudo nos proporciona ricamente para nosso contentamento; que pratiquem o bem, sejam ricos de boas obras, generosos em dar e prontos a repartir; que acumulem para si mesmos tesouros, sólido fundamento para o futuro, a fim de se apoderarem da verdadeira vida. (1Timóteo 6:17-19)*

De acordo com a sabedoria bíblica, não devemos depositar nossa esperança na instabilidade da riqueza. Colocando de outra forma, não existe essa tal estabilidade financeira pelo simples fato de que a relação de ter ou não ter dinheiro é absolutamente incerta e variável. Ao invés de confiarmos em nossa capacidade de ganhar dinheiro, o apóstolo nos recomenda confiar em Deus, o qual tudo nos proporciona de acordo com as nossas necessidades. Embora seja nosso dever trabalhar duro, fazer planos e procurar ter uma vida financeira saudável, depositar nossas esperanças em nós mesmos é sinal de orgulho. Nossa única esperança de sustentabilidade está no amor, na bondade e nos cuidados do nosso Deus.

Nosso dever é trabalhar, depender da graça de Deus e viver para o hoje. Nosso futuro, embora possa estar em nossas planilhas, está exclusivamente nas mãos do Todo-Poderoso. Podemos fazer planos, mas é Deus quem dá a última palavra. Pensemos nas palavras de Tiago:

> *Atendei, agora, vós que dizeis: Hoje ou amanhã, iremos para a cidade tal, e lá passaremos um ano, e negociaremos, e teremos lucros. Vós não sabeis o que sucederá amanhã. Que é a vossa vida? Sois, apenas, como neblina que aparece por instante e logo se dissipa. Em vez disso, devíeis dizer: se o Senhor quiser, não só viveremos, como também faremos isto ou aquilo. (Tiago 4:13-15)*

Está claro como cristal. Não sabemos o que será do nosso amanhã, por isso, não podemos ter segurança de estabilidade financeira nesta vida. Somos como neblina que hoje aparece e logo se dissipa. Assim, se o Senhor quiser, faremos isto ou aquilo. Em plena concordância com o apóstolo Paulo, a sabedoria de Tiago nos encoraja a depositar nossa esperança de sustento apenas na providência divina.

Testemunho de David e Débora

No ano de 2016, estávamos iniciando nosso namoro e nossas metas eram semelhantes às de muitos casais que começam um relacionamento: alcançar primeiro a estabilidade financeira, adquirir uma casa, um carro e, depois, oficializar o casamento.

Certa vez, participamos de uma palestra voltada para noivos e namorados em que o pastor Jean ministrou. Durante a palestra, uma frase nos marcou profundamente e mudou a maneira como encaramos nosso relacionamento: "Não existe estabilidade. Se seus pais conseguiram, por que vocês não conseguiriam?".

Saímos daquela palestra impactados. Depois de muita conversa, ficamos decididos a transformar nosso namoro em um verdadeiro ensaio para o casamento. Hoje, estamos casados há cinco anos e essa foi, sem dúvida, a melhor decisão que poderíamos ter tomado. Aos poucos, fomos conquistando muitas coisas materiais, mas aprendemos que o mais importante é confiar em Deus, que nos sustenta e nos dá forças para alcançar nossos objetivos. Afinal, aquilo que antes julgávamos essencial se tornou secundário. Obrigado, Jean!

Preciso ter casa própria?

Está na moda ouvir que, antes de casar-se, os noivos precisam comprar sua casa própria. Alguns argumentam que esse é um investimento excelente para os recém-casados. Mas, será mesmo? O consultor financeiro Gustavo Cerbasi discorda dessa ideia.

Para ele, "a última prioridade dos recém-casados deve ser comprar um apartamento".[4] Ele dá um conselho valioso:

> *Eu acho que eles (jovens) necessariamente não devem comprar casa própria. [...] Mais perto dos 40 anos, a renda é maior, você acumulou FGTS e pode entrar no financiamento para quitar o imóvel em 10 anos, ao invés de ficar 30 anos pagando. Meu convite é para que os jovens diminuam o gasto fixo, continuem aproveitando o que motivou o casamento, como o romantismo, o lazer, o cuidado um com o outro, e experimentem a vida para criar condições de ganho.*

Tenho a impressão de que a maioria dos nossos pais se casaram em condições bem humildes no início e, somente após muitos anos de desenvolvimento pessoal, tiveram a chance de adquirir uma casa própria. Não é um problema começar pequeno. Não é um problema construir juntos. Não podemos sonhar em começar um casamento partindo de onde os nossos pais estão hoje. Precisamos escrever a nossa própria história. A vida não começa pronta, casais inteligentes devem crescer juntos.

Nossa visão é a de que o namoro deve progredir para o casamento quando tiver bons alicerces. Existem quatro coisas que

---

4 BOURROUL, Marcela. A última prioridade dos recém-casados deve ser comprar um apartamento, diz Cerbasi. 21 de julho de 2014. Disponível em: https://epocanegocios.globo.com/Informacao/Visao/noticia/2014/07/ultima-prioridade-dos-recem-casados-deve-ser-comprar-um-apartamento-diz-cerbasi.html. Acesso em: 24 abr. 2025

devem estar bem alicerçadas: 1. Compromisso; 2. Independência paterna; 3. Desejo sexual; 4. Dependência de Deus.

A estrutura do compromisso

O próprio amor é uma aliança de compromisso com alguém. Por isso, o primeiro sinal de que o namoro já está na hora de virar casamento é o desejo de querer viver a dois. Quando a responsabilidade é mútua, o senso de pertencimento é recíproco e você não consegue mais pensar na sua própria vida sem que a outra pessoa esteja incluída no projeto.

O mínimo de recursos necessários

Em segundo lugar, está na hora de se casar quando você percebe que pode caminhar com "as próprias pernas". Possuir independência dos pais significa que já conseguem viver sozinhos com o mínimo de maturidade financeira. Você precisa ter um trabalho que dê condições mínimas de sobrevivência. Além disso, é essencial fazer um diagnóstico da sua situação emocional, espiritual e social. Isso evitará namoros longos, frustrações e pecados desnecessários. Tenha seu dinheiro e aprenda a ganhar, guardar, gastar e investir seus recursos financeiros. Converse sobre isso e descubra como seu(sua) namorado(a) lida com esse assunto.

Além disso, planejamento é essencial. Planeje seu casamento: a data, o local, a cerimônia, o custo, o aluguel da casa, os móveis, o carro, as contas, o plano de saúde, e peça ajuda aos seus amigos de confiança para caminharem ao seu lado, pois eles são indispensáveis. Isso vai exigir muita responsabilidade da sua parte. Você vai ter que suar a camisa o tempo todo, mas valerá muito a pena. É melhor casar-se com poucos recursos, numa casa simples e sem luxos, honrando a Deus com a sua santidade, do que esperar para viver em condições melhores enquanto o pecado domina o seu namoro.

Sim, é melhor ser um casal pobre e santo do que continuar um namoro impuro que idolatra o conforto. Você sabe do que estou falando. Deus honra aqueles que vivem em santidade e simplicidade, e disciplina quem vive usando o conforto como desculpa para transar antes da hora.

O desejo sexual constante

Outro indicativo de que está chegando a hora apropriada de casar é o desejo constante pela intimidade sexual. Sentir desejo sexual pela pessoa que você está namorando não é ruim, pelo contrário, é uma dádiva, um presente, uma bênção de Deus. Porém, você pode jogar isso facilmente na lata do lixo se não tomar a atitude certa, no momento certo.

Esse desejo, quando direcionado de forma responsável e respeitosa, pode ser um sinal claro de maturidade emocional e de prontidão para assumir um compromisso mais sério. É nesse ponto que a decisão pelo casamento precisa ser avaliada com sabedoria, oração e propósito, para que o relacionamento não se torne um campo de tentações, mas sim uma aliança que honra a Deus.

Portanto, se o desejo sexual tem se tornado frequente e intenso, não o trate como um inimigo, mas como um alerta: talvez seja o momento de dar um próximo passo. Ignorar esse sinal pode abrir espaço para quedas e culpas desnecessárias; reconhecer e agir com responsabilidade, por outro lado, fortalece a base de um relacionamento santo e duradouro.

Dependência de Deus

Esse é o alicerce principal. Comprometam-se com a Palavra de Deus, estejam dispostos a viver em oração e em santidade. Ele irá sustentar vocês, sejam confiantes. Um casal que planeja o dia do compromisso para depois desfrutar o dia da intimidade, sem dúvidas, será muito abençoado por Deus. Quando começamos a namorar com o mínimo de maturidade espiritual, financeira, moral e social, dificilmente o casamento chegará atrasado.

Tive o privilégio de celebrar o casamento de amigos que tinham entre 1 e 4 anos de namoro. Tive o privilégio de namorar dois anos, desfrutar um ano de noivado e só depois me casar. Não troco essa bênção por nada. Casar vale muito a pena!

Você não precisa, e nem deve, viver a vida de casado no namoro. Planeje-se para apreciar a vida de casado quando estiver casado. Seu namoro pode ser um bom ensaio para o casamento ou um total desastre. Por isso, concordo com um grande amigo que diz: "Namoro bom sempre dá em duas coisas: casamento ou separação". Colocando a ironia de lado, em outras palavras, quando o namoro é bom, sempre vai dar em casamento, já quando o namoro não anseia chegar ao casamento, precisa ser desmanchado antes de virar uma bola de neve.

Eu acredito que os quatro pontos apresentadas são sinais suficientes para você tomar uma decisão sábia. Minha esposa e eu seguimos esses passos. Garanto a você: o casamento é uma das melhores formas de diversão da juventude que Deus poderia ter planejado. A sabedoria bíblica ensina que apreciar a vida como jovem, entre outras coisas, se dá através do casamento.

Testemunho da Fabiana

Há pouco mais de um ano, terminei um relacionamento que durou quase seis anos. Sofri muito, pois não foi uma decisão minha. Hoje, porém, vejo o propósito de Deus na minha vida com o término desse relacionamento. Era um namoro longe dos princípios de Deus e nada cristão.

Comecei a namorar com 17 anos. Eu era muito nova, muito imatura e, certamente, não tinha independência financeira/emocional para estar em um namoro que visasse o casamento! Sou muito grata a Deus por seu cuidado e por ter "aberto os meus olhos". Concluí a leitura de *O significado do namoro*, e aliás, que leitura gostosa, jovem, atual, sem "papas na língua". Parabéns! Quero apenas lhe dizer que foi muito edificante entender um pouco melhor sobre o namoro cristão.

Os planos do Senhor são maravilhosos em nossa vida, temos apenas que crer e confiar. Eu me arrependi de todos os pecados que cometi durante o relacionamento que tive e hoje espero em Deus. Embora eu tivesse medo de iniciar um novo namoro, hoje vejo que isso é plenamente possível, pois Deus me restaurou. Quero que seja um namoro cristão e peço para Deus me preparar para um próximo e único namoro com o objetivo de casar-me, e que, dessa vez, seja um relacionamento a três, sendo Deus o centro! Obrigada, pastor!

Essas ideias, confesso, estão fora de moda para muitos. Dificilmente você ouvirá nos jornais, na televisão e, infelizmente, em algumas igrejas: "Case-se!". Você já deve ter ouvido este conceito: "Primeiro eu vou curtir a minha vida, depois vou me casar". Ao que eu sempre respondo algo que já disse anteriormente: o casamento é uma das melhores formas de diversão da juventude que Deus poderia ter planejado. A Bíblia nos ensina que apreciar a vida como jovem, entre outras coisas, se dá através do casamento. Casei-me com meus vinte e poucos anos e não tenho do que me arrepender, fiz a melhor escolha da vida.

Um exemplo bíblico da relação entre juventude, diversão e casamento está em Provérbios 5:17-20, de acordo com a Bíblia *A Mensagem*, de Eugene Peterson:

> *A água da sua fonte é só sua,*
> *não para circular entre estranhos.*
> *Abençoada seja a sua fonte de águas refrescantes!*
> *Alegre-se com a sua esposa e companheira desde jovem,*
> *Que é amável como um anjo, linda como uma flor –*
> *Nunca deixe de se deleitar em seu corpo.*
> *Nunca ache que o amor está garantido para sempre,*
> *Mas conquiste a mesma mulher todos os dias.*
> *Por que trocar a intimidade verdadeira*
> *por prazer momentâneo com uma prostituta*
> *Ou por um flerte com uma promíscua qualquer?*

Esse texto é simplesmente fantástico e podemos tirar pelo menos três lições dele. A primeira lição é que Deus nos criou e nos conhece melhor do que a nós mesmos. A sabedoria bíblica nos ensina a ter apenas um cônjuge. Isso é como "tirar água do próprio poço". Será que você quer chegar um dia em casa e encontrar o seu barril vazio? Seu manancial é só seu; não divida com ninguém. A monogamia é a fonte de prazer, não a poligamia.

Isso vale especialmente para os homens: quem tem intimidade com várias, não tem intimidade com nenhuma.

A segunda lição é sobre como viver nossa juventude. O sábio Salomão quer lembrar os mais velhos de seu casamento, especialmente da companheira que entrou em sua vida na juventude. Talvez ainda não sejam tão velhos, pois ele faz elogios ao seu corpo, em especial, os seios. Sem dúvida, a juventude é a época mais adequada para o casamento porque é a estação da força corporal, da gestação, da beleza, entre outros fatores.

A terceira lição é sobre a importância de buscar um prazer sólido e durável. Note bem a referência às carícias que ambos trocam entre si, o enlace de seus corpos, os beijos, a sensualidade e o sexo em um contexto de amor e intimidade profundos. O sábio faz bem ao alertar: "Por que trocar a intimidade verdadeira por prazer momentâneo com uma prostituta?". O prazer é, novamente, alicerçado na aliança durável, e não em sua fugacidade.

Ainda que muitos só consigam casar-se um pouco mais maduros, após os trinta e poucos anos, não há razão para desejar um casamento tardio. O livro de Provérbios incentiva o casamento no período da juventude. Nossa cultura narcisista é que nos ilude apresentando o casamento como algo chato e para velhos. Precisamos mudar radicalmente essa visão. Deus está mais interessado em nossa alegria e satisfação do que nós imaginamos, mas, para isso se tornar uma realidade, é necessário ouvir melhor o que ele está nos dizendo.

Quiz para refletir sozinho ou acompanhado:

1. Pensando em tudo isso, você acha que está realmente preparado para iniciar um namoro?
2. Que tipo de maturidade é necessária para os namorados antes do casamento?
3. Existe hora errada para namorar?
4. Quais as marcas essenciais que você deve buscar em uma pessoa antes de iniciar um namoro?
5. Qual seria a melhor hora para avançar do namoro para o casamento?

Namoro na adolescência

Uma das coisas mais comuns no ministério pastoral é o aconselhamento. Como um pastor jovem, tive que me acostumar especialmente a orientar meninas e meninos entre 12 e 18 anos no que diz respeito ao namoro[1]. Confesso, nunca foi fácil e rápido, mas os frutos recompensam o trabalho.

Num primeiro momento, eles me achavam chato, velho e ultrapassado, mas, depois de algum tempo, muitos vinham me agradecer pelo que fiz. Não é à toa que seja assim, uma vez que nossa cultura incentiva os adolescentes, o tempo todo, aos afetos descartáveis e à promiscuidade. A pressão do lado deles é muito forte, e eu creio que apenas um adolescente firme, intelectual e espiritualmente, pode resistir de pé a tantas pressões.

---

1 Falar de limites de idade para definir adolescência não é tarefa fácil. No Brasil, nós seguimos o Estatuto da Criança e do Adolescente. Existem outros parâmetros, como o da ONU, por exemplo, que define esse período como a idade entre 15 e 24 anos.

Uma breve história da adolescência

Falar da adolescência não é tão simples assim. O conceito "adolescência" surgiu há pouco mais de um século. De certa maneira, sempre existiu uma espécie de adolescer do ser humano, mas a forma como a conhecemos hoje teve início do século 19 e foi consolidada no século 20.

Vamos voltar um pouco no passado. Na Idade Média, não existia a palavra "adolescente"; os humanos eram basicamente divididos em duas classes: crianças e adultos. Um era diferenciado do outro com base no conceito de dependência e independência. Quando uma criança adquiria a condição de viver sem o cuidado constante da mãe ou da ama, ingressava plenamente no mundo adulto, participando de todas as atividades sociais. A criança era apenas um adulto em miniatura e a sua independência era o marco de fronteira de sua fase.

Com a chegada da Idade Moderna, as coisas mudaram muito. Os feudos terminaram, dando lugar à privacidade.[2] As pessoas passaram a ser alfabetizadas, terem acesso a livros e o Estado tornou mais flexível a vida em família; ao lado da Igreja, formaram os Colégios para pessoas entre 10 e 25 anos de idade. Já no século 19, estava bem demarcado o período de vida "entre a infância e o casamento", "entre a primeira comunhão e o bacharelado", "entre a infância e o serviço militar". Vista como um momento de confusão, incertezas e desenvolvimento, pouco a pouco, foi surgindo o que hoje conhecemos como adolescência.

---

2 Feudo pode ser definido como uma forma de vida altamente comunitária e fechada em si mesma. Uma espécie de bolha comunitária.

No início do século 20, já estava cristalizada na mente dos pais e da sociedade a ideia de que os filhos fossem retirados do mercado de trabalho para frequentarem a escola e outras instituições educacionais. A estratégia era preparar os filhos para serem o futuro da família — na ilusão de que isso resolveria todos os problemas do mundo.

Tudo parecia bem. A esperança era certa de um mundo melhor, e de que a próxima geração seria próspera, não fosse pelas grandes Guerras Mundiais. Elas trouxeram grande desespero para a geração que foi criada para estudar em vez de trabalhar. A ideia tradicional de progresso mostrou-se ser historicamente uma farsa.

A juventude, então, encontrou uma porta aberta nos anos 1960, época do "é proibido proibir", "paz e amor" e da "sociedade alternativa". Os hippies e o pessoal daquela época tinham três grandes ideais: 1. Mudar da cidade para o campo, 2. Mudar da família para a vida em comunidade, 3. Mudar do racionalismo cientificista para os mistérios do misticismo e o psicodelismo das drogas. Por outro lado, movimentos tradicionais tentaram reprimir as novas ideias com a censura e a ditadura.

Após os "anos de chumbo" do regime militar, entramos na era da tecnologia, e esse é o ambiente dos adolescentes de hoje. O que foi idealizado para ser um tempo de preparação para a vida, sustento dos pais e desenvolvimento pessoal, hoje, para muitas famílias, é sinônimo de desperdiçar a vida na frente do celular, nos jogos, viver com os hormônios descontrolados ou ser um rebelde sem causa.

No contexto em que a adolescência atualmente está inserida, o namoro pode se transformar em um processo de curtição para despistar a solidão, ter alguém para andar ao lado e aproveitar bons momentos — um passatempo perfeito, diriam alguns. No entanto, justamente por saber o que a adolescência significa atualmente, quase sempre sou contra o namoro nesse período. Começar um namoro na adolescência tem grandes chances de ser uma péssima escolha.

Com algumas exceções, aqueles que namoram na adolescência correm o risco de ignorar a etapa mais importante da vida: a de crescer. Na minha experiência de pastor, a maioria esmagadora daqueles que começaram namoros cedo demais apenas perderam o precioso tempo de suas vidas. Não sabiam o que queriam, foram guiados por paixões cegas, brigavam o tempo todo, "terminavam e voltavam", faziam sexo abertamente e irresponsavelmente, não administravam bem as amizades, tinham um mau rendimento escolar, aumentavam a desobediência aos pais e, muitas vezes, vivenciavam um esfriamento na vida com Deus. A lista de malefícios é grande. Pesando na balança, eu recomendo a você, adolescente, a ser honesto consigo mesmo e buscar amadurecer um pouco primeiro.

Vovô e vovó, José e Maria

Adolescentes da nossa época precisam entender que as coisas mudaram bastante de algumas décadas para cá. Já mencionei a história do meu avô, que tirou minha avó da casa de seus pais com apenas 14 anos. Ele, porém, não pediu permissão ao pai dela para "curti-la" por um tempo; ele queria se casar com ela, a história era completamente outra. Ou, no caso de Maria, embora fosse uma adolescente com prováveis 17 anos, tinha um compromisso sério desde o início do noivado. Deus jamais será contra relacionamentos responsáveis, mas reprova os relacionamentos descartáveis.

Minha crise com os meninos é que eles, na prática, pedem — ou melhor, pegam escondido — a filha emprestada ao pai para aproveitá-la por uns anos e depois devolvem-na como se tivesse terminado o prazo de validade da curtição. Diferente disso, pedir alguém em namoro é como se um jovem estivesse dizendo ao pai da garota: "O senhor me concede a sua filha para um ensaio para o casamento?". Em outras palavras: "Eu quero um compromisso com ela, sonhando com uma vida a dois até eu morrer". Já pensou você falando uma coisa dessas para o seu sogro?

Uma fase de transição, vá com calma

Conheço muitos adolescentes amadurecidos. Maturidade é sim algo relativo, mas não sem critérios. Ainda assim, algumas pessoas teimam em nortear suas escolhas a partir das exceções. Eles dizem: "Fulano fez assim e deu certo!". Será que essa análise é correta? Talvez essas pessoas tenham experimentado muitas coisas ruins que não são aparentes. E nunca esqueça que para cada exemplo citado de namoro na adolescência que "deu certo" — seja lá o que isso quer dizer —, podemos, pela prática, mencionar dez ou mais que provam o contrário.

Namoro/noivado é um período para descobrir com quem podemos rir ou chorar pela vida inteira, e não por uma noite apenas. É um ensaio para o casamento, e não uma curtição por alguns momentos. O projeto de Deus para nós é que encontremos alguém não apenas para ficar, mas para viver. Como posso namorar alguém se não quero compromisso de verdade? Relacionamentos sem compromisso machucam mais do que você imagina, você e aqueles que estão ao seu redor.

A relação pré-casamento é uma etapa fantástica em que duas pessoas mesclam suas vidas, compartilham suas identidades e aprendem a conviver com seus defeitos e diferenças. Como começar um namoro sem ter vivido pelo menos um pouco a vida? O que iremos compartilhar? Sabemos pouquíssimo sobre nós mesmos. Como teremos maturidade para aceitar e conviver com quem o outro é?

Aproveite a vida de solteiro(a) para estudar, encontrar-se profissionalmente, trabalhar, ajudar seus pais, ler bons livros e desenvolver-se integralmente. Tais hábitos tornarão você uma pessoa sábia, madura, que sabe dar boas respostas e lidar melhor com as questões do dia a dia. Cuide de sua saúde, pratique um esporte, ocupe seu tempo com algo que você ama e que simplesmente faz bem. Aprenda a tocar algum instrumento, acompanhe uma banda, desenvolva as suas habilidades. Descubra que você, como um ser feito à imagem e semelhança divina, tem potenciais extraordinários a serem descobertos.

Se você é um adolescente, procure primeiro crescer em caráter, responsabilidade, conhecimento e experiência de vida. Depois, as coisas ficarão muito mais fáceis.

Adolescência é marcada pela dependência dos pais

Namoro é um momento de ambos mostrarem a si mesmos que podem construir uma nova família juntos, longe da casa dos pais. Portanto, como posso pensar em namorar antes de trabalhar? Como namorar estando em total dependência dos pais? Namoro e noivado são tempos em que os dois compartilham seus planos e começam a sonhar juntos. Como posso iniciar um namoro se eu nem sei para onde quero ir e nem tenho como ir?

O namoro é uma etapa preparatória para o casamento. Muita gente pode nos considerar ingênuos, mas é verdade que ainda acreditamos no matrimônio, ainda acreditamos em relacionamentos duradouros. Esse é um pensamento nobre. Acredite: com alvos maiores, você acerta muito mais do que com alvos menores. Casamento é um alvo enorme. É uma oportunidade de Deus para formar uma aliança; sair de casa para se unir com uma pessoa (e só uma) para o resto da vida.

O namoro sem o casamento é um relacionamento sem futuro. Faça o contrário, antes de pensar em namoro só para pôr fim à sua solidão, para apagar sua ânsia por prazer ou para desfilar com alguém no shopping. Comece a pensar em alguém que você poderá fazer feliz. Casamento é pensar mais no outro do que em você mesmo. Se você quer namorar, noivar e se casar, comece a trabalhar, planeje a sua vida, estude e amplie sua independência dos pais.

Adolescência é o momento para fazer grandes amigos

Namoro é a união de duas pessoas que se tornaram melhores amigas. Depois que um namoro começa, o tempo dedicado aos amigos sempre diminui, no mínimo pela metade, e tem casos piores. Depois do casamento, pode diminuir ainda mais.

Geralmente, quem decide namorar cedo demais cresce frustrado por não ter curtido bem os amigos — ou acaba não aproveitando nem o namoro, nem os amigos. Alguns tentam resgatar o tempo perdido fazendo "amizades infantis" no casamento, deixando a esposa ou marido em segundo plano, e acabam estragando tudo. Isso não significa que você não pode ter amigos, significa apenas que seu(sua) melhor amigo(a) é dono(a) da maior parte do seu tempo. É simples: não queira saber de namoro até ter curtido intensamente seus amigos.

A infância e a adolescência são épocas para rir sem parar, jogar e descobrir as coisas mais divertidas de se fazer na companhia dos amigos, seja os que moram perto de você, da escola ou seus irmãos. Esse é o momento de andar junto, ter afinidades e aprender a confiar em alguém, mesmo que ele erre com você. No meu caso, dormir na casa dos amigos era uma lei. Era um momento ideal para pedirmos pizzas nas altas horas da noite, divertir-nos, fazer barulho e até algumas coisas bem engraçadas que eu não preciso mencionar aqui.

Na adolescência, a gente, aos poucos, vai largando os brinquedos e objetos da infância e nos deparamos com pessoas. Deixe de ser infantil e comece a tratar as pessoas com quem você convive como pessoas, e não como os brinquedos que você usava. Pessoas que se entregam a muitas pessoas (emocionalmente) terão muitas dificuldades de confiar em uma só no futuro. Não use as pessoas, seja honesto com elas. Namoro não é para crianças.

Testemunho de Lucas e Fernanda

Quão difícil foi para nós entender que a hora de namorar não era a adolescência. A Fernanda e eu tínhamos apenas 14 anos quando a paixão despertou um pelo outro. Era um sentimento incontrolável e parecia tão sincero e verdadeiro que não poderia ser adiado. Fomos até o pastor Jean para pedir ajuda e conselhos. A conversa foi mais ou menos assim:

Pastor Jean: Quantos anos você tem?

Lucas: Eu tenho 14 e ela tem 15.

Pastor Jean: O que os pais dela acham da ideia de vocês namorarem?

Lucas: Eles acham que é uma péssima ideia, que somos muito imaturos.
Pastor Jean: O que os seus pais acham da ideia?
Lucas: Eles concordam com os pais dela: é não!
Pastor Jean: O que vocês acham que eu penso da ideia?
Lucas: A gente tem um pressentimento bem parecido, pastor. É não, certo?
Pastor Jean: Bom pressentimento. Mas, o mais importante: qual vocês acham que é a visão de Deus sobre isso?
Lucas (dando um sorriso de canto): Ah, pastor... Deus é amor, né?

Depois dessa conversa, nós sentimos que um balde de água fria caiu em nossa cabeça. O pastor disse que eu precisava crescer, amadurecer um pouco. O principal conselho dele foi: "Comece a trabalhar, Lucas! Converse com seu pai a respeito".

Fui conversar com meu pai a respeito. Ele tinha um negócio próprio, mas achava que eu era muito novo para começar a trabalhar. Meu pai, então, decidiu conversar com o pastor Jean.
João Carlos: Pastor Jean, que história é essa de sugerir a meu filho começar a trabalhar?
Pastor Jean: Seu João, com qual idade você começou a trabalhar?
João Carlos: Ah... na época eu tinha uns 12 anos. Eram tempos diferentes.
Pastor Jean: Isso fez bem ou mal para você, olhando em retrospectiva?
João Carlos: Olha, me fez muito bem. A gente amadureceu muito rápido, começou a pagar as próprias contas e, não demorou muito, abri meu próprio negócio, casei etc.

Pastor Jean: Seu João, aquilo que foi tão bom para você, por que não seria um bom negócio para o Lucas, seu filho? Se ele quer tanto amadurecer e namorar, por que não deixa ele trabalhar com você?

João Carlos: Vou pensar sobre isso...

No ano seguinte, quando completei 15 anos, meu pai me liberou para trabalhar com ele. Era dia 1 de janeiro de 2014. Nesse dia eu mandei uma selfie para o Pastor Jean ao lado da oficina do meu pai, abraçado com a Fernanda, dizendo: "Primeiro dia de trabalho, primeiro dia de namoro".

Depois disso, os anos passaram, a maturidade chegou, e nos casamos quando eu tinha apenas 19 anos. O tempo voou. Eu tinha que trabalhar e sustentar o meu namoro desde o início. Meus pais foram intencionais em não ajudar. Eu precisava entender que maturidade precede relacionamento! Hoje, felizes, com filhos e morando fora do país, eu posso dizer que namoro na adolescência é um risco muito alto. Eu só recomendaria começar um namoro depois de começar a jornada pela maturidade, especialmente depois de arranjar um trabalho! Obrigado, pastorzão!

Se você percebeu quão longe está de um relacionamento sério, pare de pensar em namoro, mude a rota e foque no seu crescimento pessoal. Uma boa idade para namorar é aquela em que você tem maturidade e alguma independência financeira e pessoal dos seus pais. Se ainda não tem, espere, cresça mais um pouco, valorize mais o tempo de preparação e os seus amigos. Dou a minha palavra, você não vai se arrepender.

Quiz para refletir sozinho ou acompanhado:

1. Quais são as principais características da adolescência hoje?
2. Quais seriam as principais dificuldades em começar um namoro na fase da adolescência?
3. Quantos anos pode durar um namoro que começa na adolescência? Quais implicações negativas isso teria para a vida conjugal no futuro?
4. Na sua opinião, por que a nossa geração tem buscado o namoro cada vez mais cedo?

5

Namoro
e sexo

Em nossa cultura, virgindade pode ser tudo, menos um elogio. Quando um jovem ouve de outro jovem: "Você é virgem?", isso soa como algo tão contundente que pode ser comparado a um insulto. A geração que valoriza a liberdade sexual acredita, acima de tudo, que manter-se virgem é uma maneira conservadora de desperdiçar a vida. É coisa para "certinhos", ou, como vimos no primeiro capítulo, coisa de gente que não sabe aproveitar seu pouco tempo de vida. Neste capítulo, eu vou ter a difícil tarefa de remar contra essa maré.

Estatísticas sobre a virgindade na adolescência

Os números não deixam dúvidas, a geração atual de jovens tem buscado a primeira experiência sexual cada vez mais cedo. Quando é que um adolescente no Brasil começa suas relações sexuais? A Pesquisa Nacional de Saúde Escolar (PeNSE) 2012 do IBGE[1] concluiu que:

---

1 IBGE. Ministério do Planejamento, Orçamento e Gestão. Pesquisa Nacional de Saúde do Escolar 2012. Disponível em: http://biblioteca.ibge.gov.br/visualizacao/livros/liv64436.pdf. Acesso em: 24 abr. 2025.

- 28,7% dos entrevistados já fizeram sexo entre 13 e 15 anos;
- 40,1% dos meninos já fizeram sexo entre 13 e 15 anos;
- 18,3% das meninas já fizeram sexo entre 13 e 15 anos.

Em suma, a pesquisa assume que 3 entre 10 adolescentes de 13 a 15 anos já perderam a virgindade. Em outras palavras, quase 30% de toda a juventude brasileira teve seu primeiro contato com o sexo na adolescência. O que isso diz a respeito da nossa juventude? Somos uma geração que respira sexo o tempo todo.

De acordo com a pesquisa, dois fatores se destacam dentre as causas principais para esse fenômeno: a influência dos amigos e a cultura da sensualidade. Tome, por exemplo, "Guilherme" (nome fictício) de 15 anos: "Eles (amigos) me criticavam porque todos já tinham tido uma experiência sexual e eu ainda não. Então, no carnaval, a gente foi para uma festa em outra cidade, o pessoal alugou uma casa lá, fiquei com uma menina e aconteceu".

Amigos são presentes especiais que Deus nos deu. É difícil ter uma vida saudável sem amigos. No entanto, alguns deles são verdadeiros "amigos da onça", pois podem nos levar a caminhos irresponsáveis e sem retorno. Nessa fase da vida, geralmente os amigos vem em primeiro lugar e os pais, em segundo. Por sinal, os pais demoram muito tempo para descobrir aquilo que os amigos já sabem. Quando percebem que os filhos já tiveram a primeira experiência íntima, geralmente é tarde demais para aconselhá-los.

O universo da sensualidade ao nosso lado

Além disso, vivemos numa cultura eminentemente sedutora. Os programas de TV, as tendências da moda, as celebridades, as novelas, entre outras coisas, vendem a sensualidade como algo a ser buscado.

Mais ainda, tentam nos convencer que para sermos notados e aceitos, precisamos participar da cultura sexy. Estamos definitivamente em meio a um fogo cruzado. Se quisermos nos manter puros e modestos, teremos que entrar para o rol das exceções.

É difícil assistir a um filme, uma série de TV ou um programa de entretenimento que não faça um apelo explícito à cultura da sedução. Como pastor, preciso orientar jovens e adolescentes a remar contra esse universo cultural sedutor. Não é fácil. Nem para eles, muito menos para mim. Muitas meninas são tentadas a acreditar que para se sentirem felizes precisam ter o corpo perfeito, publicar suas fotos sedutoras no Instagram e chamar a atenção do maior número de pessoas. Igualmente, os meninos são levados a crer que a aparência física deva ser sua prioridade número um.

Hoje em dia, estamos vivenciando o fenômeno da "adultificação" precoce dos adolescentes, especialmente impulsionado pelas redes sociais. Cada vez mais, vemos jovens sendo pressionados a se comportar como adultos, adotando estilos de vida, roupas e atitudes sexualizadas antes mesmo de estarem preparados emocionalmente para isso. A busca pela aprovação nas redes sociais alimenta essa corrida pelo "ser adulto", muitas vezes em busca de uma aceitação rápida e superficial. Isso gera um ciclo vicioso, no qual adolescentes se sentem compelidos a se apresentar como sexualmente atraentes ou amadurecidos, quando, na realidade, estão apenas imitando um comportamento que não condiz com a sua verdadeira maturidade emocional. Essa pressão cultural compromete a pureza e a autenticidade que Deus deseja ver em cada um de nós.

Fazemos parte da geração que investe boa parte de seu tempo em busca de curtidas e visualizações. Ficamos tristes quando nossas fotos não são curtidas e nossos vídeos não são visualizados. Todos os dias, centenas de adolescentes e jovens iniciam seus canais no YouTube, e isso significa, por um lado, que nossa geração sente a necessidade de se expressar, mas, por outro, também mostra que estamos carentes de reconhecimento. Sinceramente, eu acredito que muitos veem nas redes sociais uma porta aberta não apenas para expressar suas ideias; no fundo, alguns querem ter uma chance de serem visualizados — e muitos estão dispostos a fazer tudo o que for preciso para isso.

Vivemos na era da hiperinformação. Um período único da história humana caracterizado pelo acesso fácil e abundante a informações, mas também pela proliferação de notícias falsas (*fake news*) e pela dificuldade em distinguir o que é verdadeiro do que é falso. Para sobreviver à era da hiperinformação, é preciso aprender a filtrar. Mas, filtrar o quê? Tudo! Precisamos ser mais intencionais do que nunca e filtrar o que lemos, ouvimos e vemos.

Esse filtro também se aplica aos relacionamentos; a ele damos o nome de pureza. Nossa geração vive na era da hipersensualização e para sobreviver a ela é preciso manter a pureza. É algo que vai além da virgindade. É uma atitude para com o universo sensual que mora ao nosso lado. O Deus que nos criou espera pureza nas carícias, pensamentos, abstinência de pornografia e uma capacidade de resistir a conteúdo sedutor em geral, o qual é proliferado sem filtro em séries, filmes e a própria cultura em que estamos submersos. Deus não deseja apenas que você se guarde sexualmente para o casamento, isto é, que você preserve a sua virgindade intacta. Ele deseja a sua pureza integral. Ele demanda que você entregue a ele o seu coração, olhos, mãos e vida por completo.

Um velho moralismo dos nossos avós?

Mas, afinal, o que tudo isso tem a ver com pureza? A sexualidade sem compromisso é vendida pela nossa cultura como uma deusa que irá acabar definitivamente com a nossa carência. Ela é uma cópia pirata da proposta de Jesus, "venha até mim, e eu te aliviarei" (Mateus 11:28). Portanto, uma vez que há uma atraente publicidade da suposta eficácia da cultura sensual para acabar com a nossa carência, os adolescentes e jovens têm se curvado em adoração a essa deusa cada vez mais cedo.

Por outro lado, a virgindade é vendida na mídia como uma narrativa moralista que os nossos avós — que obviamente não entendiam nada de felicidade — contavam. Minha pergunta é: a busca desenfreada pelo sexo antes do casamento tem nos tornado mais felizes?

Em seu livro *Felicidade*, Eduardo Giannetti fez uma pesquisa com mulheres a respeito da felicidade. Dentre 3 mil mulheres entrevistadas em 11 países, 93% acreditam que suas condições de vida material são, hoje, melhores do que as de suas avós. No entanto, 54% consideram que suas avós eram mais felizes do que elas, principalmente na dimensão dos relacionamentos.[2]

Você não acha isso, no mínimo, intrigante? Apesar de tantas dificuldades, falta de recursos e sua moral tradicionalmente austera, elas ainda aparentam ser mais felizes do que nós. Eu acredito que a maneira como a geração dos nossos avós lidava com a sexualidade contribui significativamente para essa elevada condição de contentamento. Eles viviam muito menos ansiosos

2 GIANNETTI, Eduardo. *Felicidade*. São Paulo: Companhia das Letras, 2002, p. 32.

que nós, em menos crises de depressão, eram menos carentes e sabiam lidar melhor com as situações adversas da vida. Enquanto a vida pesada os forçou a ser seguros, o nosso excesso de leveza e conforto tem nos tornado cada vez mais frágeis.

O sociólogo Zygmunt Bauman explica. Em sua análise, a geração dos nossos avós era muito mais resistente que a nossa pois eles representavam a geração de produção. Eles faziam a vida acontecer. Sua comida, seus edifícios, sua proteção, seu trabalho, suas plantações e suas famílias. Algo só fica pronto se for produzido. Por outro lado, nossa geração pode ser considerada "a geração dos consumidores", pois, ao invés de produzirmos a vida, somos amamentados pelo que outros já produziram por nós.[3]

Consumir *vs.* produzir

Trazendo essa reflexão para os relacionamentos, ao invés de produzirmos uma vida conjugal com trabalho duro, perseverança e fidelidade, preferimos entrar pelo caminho confortável de apenas consumir aquilo que já está pronto. Queremos ir por atalhos. Trocamos os processos pelos resultados, os meios pelos fins. É justamente por isso que a euforia das nossas relações amorosas dura tão pouco, afinal, elas não nos custaram absolutamente nada! Em contrapartida, uma vida investida em uma pessoa só, em um ambiente seguro de aliança, tem o poder de fazer com que as nossas alegrias se renovem sempre em níveis diferentes.

A sabedoria bíblica acertou mais uma vez. A felicidade não pode ser experimentada enquanto consumimos pessoas da mesma forma como fazemos com os produtos. Desfrutamos de verdadeira

3 BAUMAN, Zygmunt. *Amor líquido*. São Paulo: Editora Zahar, 2004, p. 58.

alegria quando mergulhamos numa relação produtiva marcada pela aliança. A nossa cultura consumista diz: "Você precisa atender às minhas necessidades, senão eu troco de produto/pessoa". Por outro lado, a doutrina bíblica da aliança diz: "Eu me adequarei às suas necessidades, porque fiz uma promessa". Enquanto as necessidades sustentam relações de consumo, o compromisso é a base que sustenta relações de verdadeiro amor.

A cultura descartável dentro das igrejas

Acredito que a doutrina bíblica da aliança seja a melhor forma de salvarmos os nossos relacionamentos da falência. Todavia, não apenas precisamos remar contra a maré descartável da cultura, às vezes é necessário lutar contra a ausência de referenciais dentro da própria igreja.

Recentemente foi feita uma pesquisa entre jovens evangélicos de 22 denominações. Esses jovens, a grande maioria composta de solteiros, haviam nascido em lar evangélico e eram frequentadores regulares de igrejas. De acordo com a pesquisa, 52% deles já haviam feito sexo antes do casamento. Desses, cerca da metade mantinha uma vida sexual ativa com um ou mais parceiros. A idade média com que haviam perdido a virgindade era de 14 anos para os rapazes e de 16 anos para as moças. O diagnóstico será direto ao ponto: estamos em crise. Metade dos jovens evangélicos, aproximadamente, já fizeram sexo antes do casamento entre os 14 e 16 anos.

Que lição aprendemos? Temos uma missão dupla. Por um lado, a maioria das igrejas terá de lidar com os jovens que se encontram na condição pós-sexo, e não pré-sexo. Em outras palavras, muito além de pregarmos "Mantenha-se virgem!", a igreja é desafiada a anunciar que graça de Deus é capaz de curar corações feridos para que, um dia, possam experimentar a intimidade sexual de uma forma linda e santa dentro da aliança. O segundo desafio é continuar ensinando a nova geração de crianças e adolescentes o caminho da pureza numa era desesperadamente carente que respira sensualidade o tempo todo.

O que exatamente a Bíblia diz sobre sexo, virgindade e pureza?

O conceito da virgindade não é algo ultrapassado que foi inventado pelos nossos avós, mas um paradigma de pureza pessoal. Pessoas escolhem o caminho da virgindade porque desejam ficar solteiras ou porque desejam entregar-se por completo à pessoa amada. Vamos, então, percorrer os principais textos bíblicos que abordam esse tema tão importante.

Nas Escrituras, não temos um versículo que diga "não farás sexo antes do casamento". Na cultura oriental não existia namoro, noivado ou o ficar como nos tempos atuais. Quando alguém se interessava por outra pessoa, as famílias entravam em um acordo, selavam o compromisso e, então, o casamento era consumado. Somente na noite de núpcias o casal tinha direito à primeira relação sexual.

Se pudéssemos resumir em poucas palavras o ensino bíblico sobre pureza sexual, ele se resumiria nesta frase: "Não existe momento melhor para desfrutar o prazer do sexo que no casamento". Como resumiu bem Timothy Keller:

> *O propósito do sexo é entregar-se por inteiro para a vida toda. [...] Aliás, o sexo é, talvez, o meio mais*

> *poderoso que Deus criou para ajudar você a se entregar inteiramente a outro ser humano. É o modo designado por Deus para que duas pessoas digam uma à outra: "Pertenço completa, inteira e exclusivamente a você".*[4]

O sexo está atrelado ao casamento assim como o casamento está atrelado ao sexo. Na cosmovisão bíblica, o sexo e o casamento são dois lados da mesma moeda, portanto, não podem andar divorciados.

Para fins didáticos, vamos traçar três limites essenciais sobre o sexo. Primeiro, o sexo só é sexo de verdade quando está num espaço seguro chamado casamento. Segundo, o sexo é uma criação divina carregada de beleza e santidade. Terceiro, todas as vezes que o sexo está envolvido numa relação sem aliança ou compromisso entre um homem e uma mulher, é considerado uma distorção do projeto original, portanto, uma relação ilegítima. Você se lembra deste texto?

> *Por isso, deixa o homem pai e mãe e se une à sua mulher, tornando-se os dois uma só carne. (Gênesis 2:24)*

Antes do casamento, é essencial que os noivos tenham independência paterna. Ao homem, é ordenado que, antes do casamento, tenha os recursos mínimos para sustentar sua futura mulher. A independência paterna aqui no texto bíblico não está relacionada a uma vida de rei ou de rainha, mas a um padrão

---

4 KELLER, Timothy. *O significado do casamento*. São Paulo: Edições Vida Nova, 2012, p. 267, 271.

de vida no qual o casal não seja financeira e emocionalmente dependente de seus pais. Em outras palavras, o homem precisa ter a coragem de olhar nos olhos de sua amada e dizer: "Sinta-se segura, meu amor, porque nós temos o mínimo necessário para nos sustentarmos sem a ajuda de nossos pais".

Em segundo lugar, o homem deve unir-se à sua mulher. A palavra hebraica para unir quer dizer "casar-se", "estar em aliança". Somente após estar maduro o suficiente para cuidar da sua própria vida é que alguém se torna habilitado a cuidar e a zelar pela vida do outro.

Portanto, não deveria existir namoro cristão que não vislumbrasse o casamento. Qualquer tentativa de namoro que não almeja o casamento é apenas um namoro para passar tempo — ou, se preferir, perder tempo! Essa é uma boa maneira de viver um namoro que não alegra o coração de Deus.

Em terceiro lugar, após a união/casamento, os dois devem se tornar uma só carne. Isso significa que o casal sela e confirma o casamento com a relação sexual. A palavra "selo", aqui, é de suma importância. Na cosmovisão cristã, selo é o sinal de que uma aliança foi confirmada entre as duas partes. Tome, por exemplo, o sacramento da Eucaristia. Ela é o sinal de que os discípulos de Jesus estão em comunhão com ele, comendo do pão e bebendo do vinho juntos à mesa. Assim também acontece com o sexo, pois ele é o sinal de que nos entregamos inteira e exclusivamente um ao outro. O sexo, portanto, é um sinal visível de uma aliança espiritual feita pelo casal.

Os cristãos devem celebrar a Eucaristia com frequência, pois é o sacramento que os relembra de sua comunhão espiritual com Cristo. Semelhantemente, o casal deve celebrar o sexo com periodicidade, pois é o selo e sinal de que desfrutam comunhão um com o outro. Por analogia, assim como somos "um só corpo" com Cristo por meio da Eucaristia, somos "uma só carne" com o nosso cônjuge por meio da relação sexual. É como se o casal dissesse um ao outro: "Eu te entrego o meu corpo, porque, na verdade, te entreguei a minha vida".

A intimidade sexual é um dos selos do casamento. Além de isso ser reconhecido há milênios por diversas civilizações e culturas, é um tema que a Bíblia estabelece com clareza. As palavras "unir-se" e "tornar-se uma só carne" são dois lados da mesma moeda, ato e cerimônia de confirmação. Casamento e sexo são elementos inseparáveis. Como diz Deuteronômio 20:7: "Qual o homem que está desposado com alguma mulher e ainda não a recebeu?". No contexto do versículo, a palavra "recebeu" representa o ato sexual.

Outro texto a mencionar é Deuteronômio 22:13–30, que é provavelmente uma das referências bíblicas mais explícitas sobre a castidade e pureza no Antigo Testamento. A passagem narra cinco casos comuns em que a pureza da relação sexual era manchada em Israel.

1. Primeiro caso, v. 13-21. Um jovem casa virgem com uma moça virgem, mas a acusa de ter mentido sobre sua castidade. Se isso for falso, o marido deveria permanecer casado, ser linchado publicamente e pagar uma multa altíssima à família por difamação. Se a acusação do marido for verdadeira, a mulher que mentiu sobre sua castidade seria apedrejada até a morte.
2. Segundo caso, v. 22. Um homem solteiro é achado com uma mulher casada. A condenação para esse ato é a morte de ambos: do homem porque contraiu relações sem estar casado e da mulher por cometer adultério contra seu marido.

3. Terceiro caso, v. 23-24. Um homem solteiro é achado com uma mulher virgem que estava noiva de outro homem. A condenação para o ato era a morte de ambos: do homem porque humilhou a mulher do seu próximo e da mulher porque consentiu nessa relação antes do casamento e contra o seu noivo.
4. Quarto caso, v. 25-27. Um homem é achado no campo com uma mulher noiva de outro homem e a força a ter relações sexuais com ele. A condenação para o ato era a morte apenas do estuprador. Neste caso, a mulher violada deveria ser protegida pela comunidade e ser considerada totalmente livre de culpa.
5. Quinto caso, v. 28-29. Um homem é achado com uma moça virgem que não possui noivo e ambos consentem na relação sexual antes de contrair matrimônio. A condenação para o ato era dupla: uma multa altíssima que o homem teria que pagar ao pai da moça e a obrigação de ter que casar com ela sem poder deixá-la pelo resto da vida.

Há várias lições sobre as leis de castidade e pureza de Deuteronômio 22:13-30. Antes de tudo, é pertinente notar que as penas de hoje são diferentes — graças a Deus! Elas faziam parte da lei penal específica de Israel e não devem ser aplicadas automaticamente nos dias de hoje. Todavia, a partir dos cinco casos apresentados podemos aprender princípios valiosos sobre o assunto da pureza e virgindade.

1. Permanecer puro até o casamento é motivo de honra. O texto nos diz que, quando o pai provou ao marido que a sua filha era virgem, todo o povo exaltou a pureza da mulher e, assim, condenou o marido mentiroso. Além disso, em nenhum momento a passagem dá a entender que pureza sexual é um fardo exclusivo das moças, mas que ambos são responsáveis por honrarem um ao outro, as suas famílias e a Deus.

2. Perder a pureza antes do casamento é visto como um ato irrefletido que leva à vergonha pública. Era loucura fazer uma coisa dessas em Israel. O texto define a perda da pureza sexual fora dos limites do casamento como prostituição. Embora a condenação para tais atos tenha mudado, a sabedoria moral das Escrituras sobre o tema permanece intacta.
3. Novamente, a passagem nos ensina que a pureza sexual é um presente de Deus que deve ser bem utilizado com uma única pessoa, por toda a vida. Mais uma vez, vemos que sexo e casamento são inseparáveis, são duas faces da mesma moeda.

Um esclarecimento muito importante vale aqui. Todo tipo de relação íntima com Deus ou com o sexo oposto feita fora da aliança/compromisso era, e continua sendo, considerada um ato de prostituição — isso servia para idolatria, adultério, amantes etc. Deuteronômio 31:16 diz o seguinte:

> *Este povo [Israel] se levantará, e se prostituirá, indo após deuses estranhos na terra para cujo meio vai, e me deixará, e anulará a aliança que fiz com ele.*

Prostituição tem a ver com toda relação de caráter sem compromisso e descartável. Até mesmo a idolatria configura uma prostituição, porque é justamente amar a outro deus. Logo, qualquer relacionamento fora ou antes da aliança é moralmente errado aos olhos do Criador.

> *Pois esta é a vontade de Deus: A vossa santificação, que vos abstenhais da prostituição; que cada um de vós saiba*

> *possuir o próprio corpo em santificação e honra, não com o desejo de lascívia, como os gentios que não conhecem a Deus; e que, nesta matéria, ninguém ofenda nem defraude a seu irmão; porque o Senhor, contra todas estas coisas, como antes vos avisamos e testificamos claramente, é o vingador, porquanto Deus não nos chamou para a impureza, e sim para a santificação. (1Tessalonicenses 4:3-7)*

Esse texto talvez seja o mais rico sobre o assunto. Perceberam a relação com o texto de Deuteronômio? Paulo afirma que os cristãos foram chamados para a santificação e devem, portanto, fugir da prostituição. Nós já sabemos o que isso significa. Em outras palavras, Paulo está dizendo o seguinte: "Fujam de entregar o corpo de vocês para alguém fora ou antes da aliança!", "Fujam de vender ou comprar o corpo por dinheiro!".

Quando pensamos em prostituição, a primeira coisa que vem à mente são pessoas que vendem seus corpos em troca de alguns reais. A Bíblia, porém, não diz que apenas isso é prostituição. O conceito é mais amplo. Prostituição é todo ato sexual, espiritual ou relacional — serve também para beijos, amassos, nudez — fora de algum compromisso.

Além dos princípios que nós já mencionamos antes, nesse texto em especial, aprendemos algumas razões por que vale a pena ser santo e virgem.

A pureza é um sinal de valorização do próprio corpo

Paulo nos convoca a possuir o próprio corpo, ou seja, entender que o seu corpo é sagrado, pois nele habita o Espírito Santo (1Coríntios 6:19). Você e eu temos muito valor para Deus.

Nós não somos objetos descartáveis para sermos usados e depois jogados na lata do lixo. Quem se valoriza não se entrega para prostituição ou a qualquer relacionamento sem compromisso. Leia com muita atenção o que Paulo diz:

> *O corpo não é para a impureza, mas para o Senhor, e o Senhor, para o corpo. Deus ressuscitou o Senhor e também nos ressuscitará a nós pelo seu poder. Não sabeis que os vossos corpos são membros de Cristo? E eu, porventura, tomaria os membros de Cristo e os faria membros de meretriz? Absolutamente, não. Ou não sabeis que o homem que se une à prostituta forma um só corpo com ela? Porque, como se diz, serão os dois uma só carne. Mas aquele que se une ao Senhor é um espírito com ele. Fugi da impureza. Qualquer outro pecado que uma pessoa cometer é fora do corpo; mas aquele que pratica a imoralidade peca contra o próprio corpo. Acaso, não sabeis que o vosso corpo é santuário do Espírito Santo, que está em vós, o qual tendes da parte de Deus, e que não sois de vós mesmos? Porque fostes comprados por preço. Agora, pois, glorificai a Deus no vosso corpo. (1Coríntios 6:13-20)*

A pureza é uma alternativa à cultura da sensualidade

Se, como já vimos, a cultura da sexualidade sem compromisso é uma forma de prostituição, a virgindade consequentemente é uma opção alternativa para quem busca um relacionamento sério e duradouro. A sensualidade é permitida dentro dos limites da aliança do casamento, fora dela não passa de uma tentativa falsa à verdadeira realização amorosa. Deus não nos criou para termos desejos não correspondidos. Ter um desejo ardente pela intimidade sexual é perfeitamente saudável, o problema é quando tentamos suprir nossa carência na hora e formas erradas. Se você tem problemas com sensualidade, ouça o conselho de Paulo em 1Coríntios 7:9: "Se vocês não podem dominar o desejo sexual, então se casem, pois é melhor casar do que ficar queimando de desejo" (NTLH).

A pureza é um sinal de honra pelo próximo

Não devemos defraudar ninguém, isto é, iludir, enganar ou abusar da inocência de outra pessoa. Para Cristo, "o outro faz parte de mim". Devo amar o próximo como a mim mesmo, e a quem se ama, não se engana, não se trata como lixo, não se empresta. Não devemos, diz o sábio, "despertar o amor enquanto ele não o quiser" (Cântico dos Cânticos 8:4).

Eu sou um exemplo vivo de como é duro frustrar e magoar alguém por não entender esse princípio. Certa vez, tentei despertar o amor em mim por uma garota que gostava de mim, mas, no final, por não haver amor da minha parte, machuquei gravemente o seu coração quando, após poucos meses, pedi para terminar. Aprendi a lição.

Não comece algo com alguém se você realmente não quer. Seja honesto logo de início, antes que você crie falsos sonhos que não conseguirá tornar realidade no coração de alguém. Mário Quintana entendeu bem o princípio de Salomão em seu poema "Sobre o Coração". Ele diz aos que gostam de paquerar:

- Nunca diga "te amo" se não te interessa.
- Nunca fale sobre sentimentos, se eles não existem.

- Nunca toque numa vida, se não pretende romper um coração.
- Nunca olhe nos olhos de alguém, se não quiser vê-lo se derramar em lágrimas por sua causa. É cruel permitir que alguém se apaixone por você quando você não quer o mesmo.

A pureza é uma escolha que agrada a Deus

Deus, por ser Deus, é o único que tem autoridade e competência para nos julgar. Ele é um Deus amoroso e, ao mesmo tempo, é tremendamente justo em tudo o que faz. Como nosso Pai, ele tem plena autoridade sobre mim e sobre você. Quando os pais amam, disciplinam seus filhos. Na área dos relacionamentos não poderia ser diferente. Deus desenhou o sexo para ser desfrutado em plenitude no casamento visando o nosso prazer e alegria, mas ele certamente será nosso juiz se o desonrarmos jogando esse tesouro junto às fezes da privada.

Se você é alguém que não dá o mínimo valor para o que Deus pensa, não há muito o que eu possa lhe dizer. Espero realmente que ele seja paciente com você e abra os seus olhos para um dia enxergar o quanto desperdiçou de seus esforços tentando obedecer às suas próprias vontades. Todavia, se você dá valor ao que Deus revela em sua Palavra, mude a rota da sua história o quanto antes e procure alinhar sua vontade à sabedoria dele.

Você gostaria de saber que algum espertalhão está de olho em uma de suas irmãs apenas para tratá-la como um produto e descartá-la depois? Como você se sentiria se o objeto consumido sexualmente fosse em sua própria família? Nessas horas, nossa consciência dispara como um alarme para acordar-nos da incoerência. Pois bem, pense no que eu vou te dizer. Jesus é o nosso irmão mais velho, o filho unigênito de Deus e, como qualquer irmão mais velho, como você acha que ele se sente quando um espertalhão desonra alguma de suas irmãs mais novas? Sem dúvidas, por amor a ele, Jesus o repreenderia. Jesus disciplina a todos a quem ele quer bem, mesmo com a sua mão pesada sobre nós, se preciso for.

> *Com respeito às virgens [...] se a virgem se casar, por isso não peca. [...] O que realmente eu quero é que estejais livres de preocupações [...] Também a mulher, tanto a viúva como a virgem, cuida das coisas do Senhor, para ser santa, assim no corpo como no espírito; a que se casou, porém, se preocupa com as coisas do mundo, de como agradar ao marido. [...] E, assim, quem casa a sua filha virgem faz bem. (1Coríntios 7:25-38)*

Se você ainda não concorda que virgindade quebrada antes do casamento é pecado diante de Deus, note quantas vezes Paulo afirma que a mulher que não pretende se casar deve permanecer virgem. Ser virgem, para Deus, é uma honra elevada. Deus celebra a pureza de suas filhas e filhos. Não há prova maior de amar o seu próprio corpo e de amar o corpo do outro do que guardar-se para ele na hora certa. Eu pude experimentar essa bênção por mim mesmo e digo a você: valeu a pena esperar para desfrutar do sexo na hora certa e com a pessoa certa. Não foi fácil, eu confesso. Tive que me corrigir e reorientar meus desejos várias vezes. Mas, por amor a Deus, a mim mesmo e a pessoa que ele separou para mim, faria tudo de novo. Deus sempre deseja o melhor para os seus filhos. E o melhor dele é a pureza e a santidade. Portanto, guarde-se.

Finalmente, o último texto sobre virgindade:

> *Digno de honra entre todos seja o matrimônio, bem como o leito sem mácula; porque Deus julgará os impuros e adúlteros. (Hebreus 13:4)*

Esse texto tem passado despercebido por muitos cristãos. Ele expressa três ensinos básicos. Primeiro, o matrimônio deve ser sempre estimado, exaltado e estimulado entre os cristãos — coisa que, naquela época, estava caindo em descrédito e, hoje, acontece o mesmo.

Segundo, o sexo deve ser praticado em pureza. Leito sem mácula pode significar várias coisas, mas sem dúvidas um de seus significados é o de que o sexo (estar no leito, na cama) não deve ser jamais manchado, denegrido ou aviltado. Deve haver fidelidade entre os cônjuges, para que a honra de ambos não seja destruída.

Porém, além deste significado, claramente é possível inferir que macular o ato sexual está relacionado também com todo tipo de relacionamento fora da aliança de compromisso. Isso será comprovado pelas duas classes nas quais o autor de Hebreus se refere: os impuros e os adúlteros.

A primeira classe, os impuros, como já vimos quando percorremos alguns textos da Bíblia, sempre está associada a um conceito específico: o da prostituição. Ambos são irmãos gêmeos que sempre andam juntos, pois simbolizam o amor falsificado, instantâneo, vazio e irresponsável.

Terceiro, o mesmo alerta que já vimos em 1Tessalonicenses 4:3-7 reaparece aqui, a saber, que Deus julgará os imorais.

Acredito que o pior juízo de todos seja viver de paixão em paixão e continuar com o coração seco e deserto. Quem vê por fora pode até pensar que você é feliz, mas só você sabe por dentro que viver assim só te deixa mais faminto e sedento por experimentar vida de verdade. Deus está pronto a perdoar e consertar aqueles que se arrependeram triste, sincera e profundamente dos seus pecados, mas é um fogo consumidor para aqueles que ainda continuam repetindo os velhos hábitos (Hebreus 12:29).

Colocando tudo em ordem

Meu desejo é que, por meio deste capítulo, tenha ficado claro qual é a vontade de Deus para nós no que diz respeito à sexualidade. Deus ama a pureza, por isso deseja a nossa santificação e total dependência dele. Para nos guardarmos puros diante do Senhor, precisamos de algo simples e difícil ao mesmo tempo: zelar pelo nosso corpo. Fazendo assim, o nome de Deus será honrado através de nós. Lembre-se, os que esperam em Deus sempre renovam as suas forças (Isaías 40:31).

Vamos recapitular alguns princípios sobre virgindade e sexo:

1. *Ser virgem é estar em harmonia com a vontade de Deus.* A virgindade é celebrada por Deus e todo aquele que se preserva virgem para o casamento receberá bênçãos extremamente maiores do que os que se contaminaram antes da hora. Deus honra quem se purifica. Aprenda a esperar e você verá que esperar nele não é ilusão.
2. *Ser virgem significa não se entregar para a prostituição.* A virgindade perdida antes do casamento é exatamente igual a um ato de prostituição. Representa a humilhação, vergonha e loucura dos seres humanos longe da vontade de Deus.

3. *Ser virgem é valorizar o próprio corpo.* Quem escolhe esperar até o casamento para praticar o sexo, glorifica a Cristo com seu próprio corpo. Pessoas que adiantam esse momento evidenciam que os seus corpos têm pouquíssimo valor.
4. *Ser virgem é ter aprovação e alegria de Deus.* Mas aqueles que praticam continuamente a prostituição, o adultério e toda a sorte de impurezas sexuais estão em grave perigo, pois Deus está irado e irá julgá-los com severidade.
5. *Ser virgem não é apenas valorizar o próprio corpo, mas elevar a honra do corpo alheio.* Já os que praticam a impureza evidenciam que não dão o devido valor aos seus corpos e muito menos consideram honrados os corpos dos demais.
6. *Ser virgem também significa fugir da aparência do mal e, da mesma forma, fugir da sensualidade.* Ser sensual é uma forma de desprezar a dignidade dada por Deus. O verdadeiro filho de Deus valoriza o seu corpo não apenas fugindo da prostituição e dos relacionamentos descartáveis, mas vestindo-se e comportando-se com toda a modéstia e discrição. O único lugar onde a sensualidade é totalmente liberada por Deus é no casamento.

Se você é alguém que ainda se mantém puro, virgem, e por esse motivo é zombado pelos amigos sendo insultado de todas as formas possíveis, tenha coragem! Manter-se puro é a vontade de Deus para a sua vida. Vale a pena ser virgem, pois Deus promete bênçãos mil vezes maiores para os puros. Continue firme! Não se envergonhe de ser aquilo que Deus planejou para você. Siga valorizando o seu corpo e a sua santidade.

Agora, se você não liga para isso, se é cristão e continua, antes de se casar, na prática deliberada do sexo, está concordando que não se dá valor, não quer santidade, não teme a Deus e não percebe que, enquanto assim for, estará debaixo não da graça de Deus, mas de sua ira e juízo. Eu realmente espero que, pelos textos bíblicos aqui apresentados e pelo Espírito Santo, sua consciência esteja no mínimo chacoalhada. Não tarde em se arrepender. Faça isso agora.

Por outro lado, se você já perdeu a honra de permanecer virgem até o casamento e fez isso sendo cristão, mas já houve arrependimento sincero e lágrimas, tenho uma boa notícia: Deus pode curar você. A graça de Deus é maravilhosa e transforma os corações sujos dos pecadores em uma obra de arte sem igual. Sim, ele pode fazer que você experimente o sexo no casamento como se fosse a sua primeira vez. Busque cada vez mais a obediência, pois Deus pode renovar o seu coração a ponto de trazer grande paz a ele. Espere pelo casamento.

Os puros não se envergonham de Jesus, eles escolhem obedecer e, por isso, esperam. Pois, "qualquer que de mim e das minhas palavras se envergonhar, dele se envergonhará o Filho do Homem, quando vier na sua glória e na do Pai" (Lucas 9:26).

Testemunho da Stephanie

Pastor Jean, como eu queria ter tido acesso a essas informações quando era mais nova. Desde cedo aprendi que para ser feliz a gente precisa se permitir, viver aventuras e deixar o coração falar mais que a razão. Pois é, eu fiz tudo isso, nunca disse não aos desejos do meu coração e posso dizer que aquelas alegrias que o estilo de vida fora da vontade de Deus oferece nos trazem euforia imediata, mas nos machucam no longo prazo.

Depois de muitos anos, vários homens e diversos relacionamentos complicados, pude encontrar o amor de Jesus. Como a mulher samaritana, Jesus me acolheu, me perdoou, e me oferece liberdade para viver o melhor dele para minha vida. Contudo, eu confesso que por muitas noites eu oro: "Senhor, será que um dia vou conseguir me curar e me perdoar de tantos erros cometidos no passado?". Eu sei que Jesus renova a nossa esperança e nos dá um coração novo, mas a culpa de ter vivido a minha sexualidade fora do padrão divino ainda me assombra. Eu sei que não devo mais carregar esse fardo, pois ele não é mais meu.

Continue orando por mim, pastor. Eu já passei dos 30 e ainda tenho o sonho de me casar com um homem de Deus. Já faz 3 anos que me converti e não tenho me envolvido com ninguém. Eu quero me preparar, quero me curar, quero começar do zero e fazer tudo do jeito certo. Às vezes eu desanimo e acho que esse dia nunca vai chegar. Que o Senhor me ajude a esperar e acalmar meu coração em meio a minha ansiedade.

Quiz para refletir sozinho ou acompanhado:

1. O que você pensa sobre virgindade?
2. Como você seria rotulado entre os seus amigos se defendesse abertamente a opção de ser virgem?
3. Como podemos definir o sexo a partir da cosmovisão cristã?
4. Quais são as vantagens de ter relações sexuais após o casamento?
5. Por que as relações sexuais sem compromisso podem ser associadas com a lógica de consumo?
6. Qual análise você faz da sua própria sexualidade após este capítulo?
7. Como está o seu namoro? E o que pode ser feito para consertar possíveis erros?

6

Namoro
entre luz e trevas

Cristãos devem namorar não cristãos? Certo dia, uma moça de 15 anos me procurou dizendo: "Tenho um sentimento muito verdadeiro por uma pessoa não cristã, e só falta ele ser crente para ser perfeito, é errado namorar com ele?". O que você responderia numa situação dessas? Perguntas honestas sempre merecem respostas inteligentes. O que fica claro nessa situação é quão distantes estamos do ideal que Deus deseja para nossa vida conjugal. Preferimos satisfazer nossas vontades, ouvindo nossos sentimentos, do que a vontade de Deus. O que é que a Bíblia ensina sobre crentes se relacionando com não crentes?

O tratamento dessa questão é muito mais complexo do que podemos imaginar. Lanço aqui alguns lampejos sobre o que a Bíblia diz em relação ao relacionamento conjugal de cristãos com não cristãos. Existem pelo menos três grandes ideias que favorecem a tese de que cristãos não deveriam namorar e casar com não cristãos. O primeiro está baseado na relação entre Cristo e Igreja, o segundo na realidade da morte espiritual e o terceiro, especialmente, no conceito de jugo desigual.

1. A analogia de Cristo e a Igreja

A Bíblia deixa claro que, tratando-se de relações conjugais, o marido é uma metáfora de Cristo, e a esposa, uma metáfora da Igreja. Como seu marido será o seu "Cristo" se ele nem mesmo crê em Jesus? À luz desta metáfora, faz sentido casar-se com alguém fora desse padrão? Inverta a ordem: Como homens que amam a Jesus podem pensar numa futura esposa à semelhança da Igreja, sem que, no mínimo, ela seja parte da Igreja? Não me refiro a alguém com o título de membro de uma igreja institucional, mas realmente alguém que ama a Jesus e entregou sua vida a ele — eu sei que tem gente que "está" na igreja, mas não "é" parte da Igreja.

Não estou dizendo que se casar com uma pessoa cristã garante que você estará protegido(a) contra todo tipo de dificuldade e blindado de divórcio. Não! Namorar alguém "da igreja" nem sempre é a mesma coisa que namorar ou casar com um discípulo de Jesus. O que precisamos entender é a lógica dessa metáfora: Deus quer que discípulos se casem com discípulos. Crentes devem procurar casamento com crentes. Quem tem o Espírito Santo deve se casar com quem também tem o Espírito Santo. Deus quer preparar você para alguém que também pertença a ele.

Além da metáfora Cristo/marido e Igreja/esposa, existe uma quantidade suficiente de referências bíblicas para que ninguém que já foi salvo por Cristo se case com alguém que, infelizmente, ainda está perdido em seus pecados.

2. A realidade da morte espiritual

Uma pessoa, por mais que seja legal, ética, correta, gentil e cheia de bons adjetivos, sem Cristo, ainda é escrava de si mesma e dos seus pecados; é alguém totalmente distante do propósito original de Deus, que é glorificá-lo, amá-lo e alegrar-se nele por toda a eternidade. De acordo com o apóstolo Paulo, quem casa com um incrédulo, casa com uma pessoa espiritualmente morta (Efésios 2:1-11). Sem Cristo, o homem ainda é o seu único Deus.

O Novo Testamento frequentemente utiliza a figura da escravidão para ilustrar o perfil de alguém que ainda não se encontrou com Cristo. Estar debaixo da escravidão do pecado não é algo pequeno. Jamais podemos pensar que "só falta ele(a) ser crente para ser perfeito(a)". Sem dúvidas, essa maneira de pensar é inocente e superficial. Por trás de todo aquele que ainda não ama a Cristo, existe cheiro de morte. E, em um namoro, noivado ou casamento, a incompatibilidade pode não se demonstrar em meses de convivência, mas ficará evidente em décadas juntos — em alguns casos, apenas uma semana já é mais do que necessário.

Além de morta espiritualmente, quem não tem a Cristo como fonte única de satisfação não terá outra opção de satisfação senão a sua própria! Sem a cruz de Cristo, o ser humano permanece inflado em seu ego, buscando apenas seus próprios interesses. Em última análise, o próximo e Deus são colocados em segundo plano. Sem Cristo, o homem ainda é o seu único Deus. Você pode não perceber isso em alguns meses de namoro — alguns percebem em apenas uma semana —, mas certamente a verdade dos fatos virá à tona em algum momento.

Costumo de dizer que a relação conjugal entre cristãos e incrédulos é um "casamento entre luz e trevas". É uma tentativa de unir lógicas em conflito. A luz não pode conviver com o escuro. Quando uma aparece a outra é automaticamente dissipada. Refletindo com o devido cuidado, você chegará à conclusão de que essas relações não podem, *a priori*, agradar a Deus. Elaborei a lista comparativa a seguir para ajudar a ver o que estou tentando dizer. A ideia é refletir sobre o contraste entre a vida de um seguidor de Cristo e um seguidor das ideologias deste mundo.

1. Deus	
O salvo ama a Deus sobre todas as coisas	O incrédulo ama a si mesmo sobre todas as coisas
2. O Reino de Deus	
O salvo está no Reino de Deus	O incrédulo ainda está no Reino das Trevas
3. O Espírito Santo	
O salvo tem o Espírito Santo	O incrédulo não tem o Espírito Santo
4. A Palavra de Deus	
O salvo ama a Palavra de Deus	O incrédulo não crê na Palavra de Deus
5. Esperança futura	
O salvo tem esperança na vinda de Cristo e vida eterna	O incrédulo tem esperanças terrenas
6. Criação de filhos	
O salvo quer criar os filhos junto à Igreja	O incrédulo é indiferente, talvez pense diferente
7. Igreja	
O salvo ama a Igreja e participa das reuniões semanais da comunidade de fé	O incrédulo não ama a Igreja e pode não querer participar
8. Princípios e valores	
O salvo tem valores claros estabelecidos pela Palavra	O incrédulo tem valores confusos e pode ir contra a Palavra.

Essa pequena lista comparativa é só uma amostra da incompatibilidade que existe entre um crente e um incrédulo.

Testemunho da Fátima (não cristã)

Jean, seu livro não é nenhuma história de amor, não é nenhum conto nem nada... Na verdade, nem história é! Ele é verdade, é humano e é o plano mais lindo e mais bem escrito de que Deus existe. Eu sempre me considerei uma pessoa com bons princípios e fiquei muito feliz em me identificar em algumas coisas que o seu livro passa e, por mais que minha alma esteja perdida (pelo menos no momento), seu livro com certeza me colocou para pensar em coisas que nunca nem passaram pela minha cabeça.

Eu realmente quero encontrar alguém na minha vida capaz de salvar minha alma. Parabéns pelo livro. Ele não me salvou, mas tenha certeza de que tocou meu coração de várias formas.

3. Jugo desigual: engrenagens incompatíveis

Alguns argumentam da seguinte forma: "Conheço muitas pessoas crentes que se casaram com não crentes e, depois, a outra parte se converteu, e viveram felizes!". Eu também conheço pessoas assim, não podemos negar que isso acontece. No entanto, isso acontece pela graça de Deus. Se a outra pessoa se converteu a Cristo, você não teve nenhum mérito nisso, foi pura bondade e misericórdia do Senhor. No entanto, Deus não tem a obrigação de salvar ninguém, ele salva quem quiser. E vamos mais longe: na maioria dos casos em que crentes se casam com incrédulos, os incrédulos não se convertem.

Como já dissemos antes, para cada exemplo de sucesso, existem dez de fracasso nessa área. Deus não tem a obrigação de fazer a sua vontade, nós é que temos a responsabilidade de obedecermos ao que ele nos diz. E, neste caso, ele nos pede para namorarmos, noivarmos e nos casarmos com alguém que é dele. Paulo explica que o relacionamento conjugal entre crentes e perdidos é como um "jugo desigual", ou como tentar encaixar engrenagens incompatíveis e irreconciliáveis (2Coríntios 6:14).

Jugo é uma peça de madeira colocada sobre a cabeça dos bois para puxar uma carroça. Ela servia para juntar dois animais da mesma espécie para trabalharem juntos, dividirem o peso da carga e dividirem a resistência do arado no solo. Dessa forma, dois animais, devidamente aparelhados no jugo, produziam o dobro de força e o dobro de trabalho. Aquilo que era quase impossível para um boi fazer sozinho, tornava-se fácil para dois, graças ao jugo.

Todos naquela época sabiam que não se coloca animais de espécies diferentes no mesmo jugo para trabalharem juntos (Levítico 19:19). O texto de Deuteronômio 22:10 esclarece ainda: "Não lavrarás com junta de boi e jumento". Da mesma forma que juntar um boi com um jumento no mesmo jugo era certeza de fracasso no trabalho, a união conjugal entre crentes e não crentes também é.

Não há harmonia entre justiça e pecado, luz e as trevas, Cristo e o Maligno, muito menos no casamento de crentes e incrédulos. Não tente se juntar com alguém incompatível com a sua fé em Cristo. Um relacionamento com uma pessoa "quase cristã" é um quase namoro, um quase noivado, um quase casamento, uma quase felicidade, ou seja, um enorme risco de fracasso. Essa é a regra geral.

Não afirmo isso porque acho que é assim, a Bíblia nos revela algumas pessoas que embarcaram nesse caminho e se deram muito mal. Há um longo testemunho negativo que o Antigo Testamento oferece sobre essa relação: a história pessoal de Salomão (1Reis 11:1-4), de Esdras (Esdras 10), e o consenso de que o povo de Deus deveria se unir com o povo da Aliança.

Testemunho do João

Pastor Jean, me chamo João e tenho 17 anos. Concluí a leitura do seu livro agora. Foi extremamente edificante para mim o capítulo sobre o jugo desigual. Esse capítulo, em especial, me tocou, pois me fez lembrar da minha única e última experiência com uma garota não cristã. Em uma parte do livro, você relata que muitos podem demorar alguns meses para descobrir quanto essa escolha pode machucar ou, em alguns casos, descobre-se em questão de semanas. Eu faço parte desse último grupo e agradeço muito por ter saído dessa situação.

Deus não é obrigado a fazer a minha vontade, e sim a dele mesmo. E foi exatamente o que aconteceu. Eu orei bastante, mas a garota com quem me relacionava estava cada vez mais me puxando para o outro lado. Ela não gosta "desse negócio de igreja", como ela dizia. Comecei a faltar na igreja, grupo pequeno, mudar as minhas companhias. Tudo para agradar ela e estar com ela onde ela queria estar. Em certo momento, eu não conseguia mais me reconhecer como filho de Deus. Errei bastante, acabei pagando o preço e perdendo a minha pureza.

Mas eu tomei uma decisão para deixar de sofrer. Não quero mais me machucar e não imagino como seria a minha vida se eu ainda estivesse com ela. Não temos o poder de mudar pessoas, dificilmente conseguimos mudar a nós mesmos. Para mim, nada de namoro por enquanto, até encontrar alguém que realmente queira Deus junto comigo. Valeu pelos conselhos!

Salomão perverteu a sua fé com casamentos mistos

Muitos riem ao lembrar que Salomão teve mil mulheres em seu currículo conjugal, mas poucos se lembram da catástrofe que foi a sua vida por causa disso. Veja o que 1Reis 11:1-4 tem a nos dizer:

> *Ora, além da filha de Faraó, amou Salomão muitas mulheres estrangeiras: moabitas, amonitas, edomitas, sidônias e heteias, mulheres das nações de que havia o Senhor dito aos filhos de Israel: Não caseis com elas, nem casem elas convosco, pois vos perverteriam o coração, para seguirdes os seus deuses. A estas se apegou Salomão pelo amor.*
>
> *Tinha setecentas mulheres, princesas e trezentas concubinas; e suas mulheres lhe perverteram o coração. Sendo já velho, suas mulheres lhe perverteram o coração para seguir outros deuses; e o seu coração não era de todo fiel para com o Senhor, seu Deus, como fora o de Davi, seu pai.*

No Antigo Testamento, é muito comum vermos Deus proibindo o seu povo de casar com mulheres de povos estrangeiros. Não pense que ele tinha em mente algum tipo de pureza racial. Não. Deus nunca defendeu agendas racistas. Na verdade, ele tinha em mente preservar a espiritualidade do seu povo. Salomão é um caso visível de como casamentos espiritualmente incompatíveis podem perverter o coração de homens e mulheres. Salomão seguiu outros deuses, não era totalmente fiel a Deus, e seus casamentos com mulheres de crenças opostas ao Deus verdadeiro foram o principal fator que o levou a isso.

Há também um princípio valioso destacado pelo profeta Amós: "Andarão dois juntos, se não houver entre eles acordo?" (Amós 3:3). A fé não apenas diferente, mas oposta, é uma relevante incompatibilidade que devemos evitar. Deus está interessado em preparar alguém que se encaixe bem naquilo que precisamos.

Em relação aos crentes viúvos que querem se casar novamente, Paulo nos ensina o princípio da união apenas com pessoas cristãs: "Se falecer o marido, fica livre para casar com quem quiser, mas *somente no Senhor*" (1Coríntios 7:39). A ênfase é "somente no Senhor", que significa: procure alguém que faz parte da comunhão com o Senhor. Alguém que já é uma só carne com Cristo. Assim, qualquer crente que quiser concretizar sua relação conjugal com um incrédulo definitivamente não achará bases bíblicas para se justificar. Nossa vida é do Senhor, portanto precisamos nos unir a alguém que também pertença a ele.

Que as emoções não te controlem!

O capítulo 10 do livro de Esdras fala especificamente do assunto que estamos tratando aqui. Boa parte dos judeus que foram para o exílio na Babilônia se casaram com mulheres de outros povos. Não deu outra, eles se desviaram do Senhor. Passaram a adorar outros deuses e viverem de acordo com outras orientações. Quando o povo retornou a Jerusalém, Esdras foi chamado por Deus para realizar uma reforma espiritual na nação de Israel, fazendo o povo voltar para o caminho verdadeiro. Depois de muita pregação, oração e jejum, finalmente os judeus se arrependeram dos seus pecados. Veja como foi sua confissão:

> *Nós temos transgredido contra o nosso Deus, casando com mulheres estrangeiras, dos povos de outras terras, mas, no tocante a isto, ainda há esperança para Israel. Agora, pois, façamos aliança com o nosso Deus, de que despediremos todas as mulheres e os seus filhos, segundo o conselho do Senhor e o dos que tremem ao mandado do nosso Deus; e faça-se segundo a Lei. (Esdras 10:2-3)*

Os judeus se arrependeram dos seus casamentos com mulheres incrédulas, pois reconheceram ser pecado diante de Deus. A partir da minha experiência pastoral, vi muitas situações em que, quando um crente começa a namorar um não crente, ele esfria na fé — mas também já vi algumas exceções. O mais comum é que se afastem de Deus, amolecendo suas convicções bíblicas e sentindo-se bastante inseguros. Pensam: "Será que um dia ele(a) irá se converter?". De certa forma, eles começam a cogitar a possibilidade de seu amado não passar a eternidade com Cristo ao seu lado. É esse tipo de insegurança que você está disposto a encarar?

Meu conselho sincero é: espere alguém que realmente se entregou para Jesus, nosso salvador. Alguns podem achar que, se não ficarem com aquela pessoa, jamais encontrarão alguém que os faça feliz, mas existem sérios problemas nessa afirmação. Esse tipo de pensamento pode até parecer romântico, mas não é verdadeiro. Há diversas pessoas que amam a Jesus e poderiam viver uma linda história de amor ao seu lado. Não tente ser Deus no lugar de Deus. Ele controla a história, não você.

Além disso, Deus nos dá princípios seguros e liberdade para escolhermos alguém que compartilhe da mesma fé que a nossa. Por isso, escolha bem com quem você vai passar o resto da sua vida. Você só tem uma vida, não jogue fora a sua oportunidade de construir uma família segundo a vontade de Deus. Provérbios 18:22 nos garante: "O que acha uma esposa acha o bem e alcançou a benevolência do Senhor". Assim, peça sabedoria a Deus para encontrar uma esposa/marido preparada(o) por ele. Deus sabe o que faz, confie na sua palavra.

Uma palavra final aos cristãos que namoram não cristãos

Realmente não é uma atitude sábia iniciar um namoro e casamento com alguém que não partilha da mesma fé. Os motivos já foram apresentados e repetidos. Contudo, sei que alguns que leem esse capítulo vivem justamente essa realidade, por isso, sinto-me na obrigação de ajudá-los de alguma forma. Tenho três conselhos para você que namora ou está prestes a casar-se nessa condição de jugo desigual.

Primeiro, inclua o seu(sua) namorado(a) na vivência da sua igreja local. Você pode convidá-la(o) a frequentar o culto de domingo, o grupo pequeno dos jovens, uma programação no parque ou até mesmo sair com os amigos da igreja para uma lanchonete. Mais importante do que apenas frequentar a "instituição" igreja é encorajar a pessoa ao seu lado a considerar amizades cristãs e ver o evangelho sendo pregado nas conversas e vida do povo de Deus.

Na maioria das vezes, os não crentes têm uma visão distorcida sobre o que é a igreja. Pensam que os pastores são ladrões e os membros alienados — e, temos que admitir, às vezes eles estão corretos. Mostre para ele(a) que a igreja é um ambiente favorável a relacionamentos verdadeiros e transformadores. Envolva-o num ambiente de amor e de conversas saudáveis. Conheço várias pessoas que, por meio da convivência cristã com a pregação do evangelho, se entregaram para Jesus. Esse é o primeiro passo. Deus pode mudar a direção do coração e ele(a) se converter a Cristo.

Segundo, saiba bem quais são as convicções dessa pessoa sobre Deus e sobre os princípios que você adota. Eu creio firmemente que o relacionamento entre cristãos e não cristãos não é uma atitude sábia, porém, quando os não crentes são pessoas tementes a Deus ou têm alguma noção bíblica sobre ética, princípios e valores, a aproximação costuma ser menos problemática.

Já quando a relação se dá entre crentes e ateus, agnósticos, místicos, espiritualistas ou pessoas que têm uma moral oposta à da fé cristã, eu incentivo a desistir de vez.

Tome, como exemplo, Rute. Ela era uma moabita, não israelita, e, ainda assim, casou-se com o judeu Boaz. Após anos de convivência com sua sogra Noemi, Rute desenvolveu valores sólidos sobre família e sobre Deus. Não posso negar que exceções realmente acontecem, porém, ninguém deve viver pautado nelas. Faça esse teste: o seu pretendente dá alguma importância a Deus? Ele respeita suas opiniões bíblicas a respeito da criação de filhos, moralidade e sexo?

Terceiro, avalie se a pessoa está disposta a se casar. A vontade de Deus para namorados é o casamento. Se essa pessoa com quem você namora não é cristã e ainda não pensa em se casar, certamente, não é uma pessoa ideal para desenvolver um noivado, muito menos um casamento. Geralmente, quando um(a) namorado(a) não pensa em casamento, está interessado em outras coisas — como pegar você emprestado(a) por um tempo indeterminado.

Pergunte-se: namorar, noivar ou casar com essa pessoa vai me aproximar mais de Deus? Vai me tornar mais santo? Vai me dar mais segurança para o futuro? Coloque os pesos na balança. Suponhamos que essa pessoa gostou de frequentar sua igreja local, fez amizades com os seus amigos e mudou sua concepção sobre o que é igreja. Parabéns! Um passo enorme já foi dado. E mais, se ele(a) teme a Deus de alguma forma e respeita os limites da sua santidade, parabéns, pela segunda vez. Terceiro, se o seu(sua) namorado(a) também pensa em casamento, ótimo, ele está agindo como se fosse um cristão, seria bom você perguntar a ele(a) se deseja seguir a Jesus em definitivo.

Como pastor, fiz essa pergunta a um moço que namorava uma das jovens de nossa igreja. Após meses frequentando a nossa comunidade, encontro de jovens e discipulado, ele realmente parecia ser um de nós. Fiquei surpreso quando ele olhou em meus olhos e disse: "Quero ser batizado!". Imagine a alegria daquela jovem. Pela bondade de Deus, após certo tempo eu celebrei o matrimônio deles e sou testemunha de que formam um casal incrível.

Entretanto, se você incluiu a pessoa na vivência da igreja local, ela ouviu o evangelho de forma clara, você analisou profundamente as crenças que ela tem sobre Deus, você fez o teste do respeito, da santidade e do casamento, mas tudo deu errado, cuidado! Se algum dos três testes falhar, os três provavelmente irão ruir juntos. Desista. Deus tem coisa melhor para você.

Quem não quer fazer parte da sua igreja local, respeitar sua fé, seus princípios e não quer saber de casamento, na verdade, não quer saber de você. Do fundo do meu coração, eu aconselho você a renunciar à sua vontade e buscar a vontade de Deus. Alimentar algo que nitidamente está fora de direção produzirá muitas frustrações desnecessárias. Não vale a pena caminhar por aí. Entretanto, se a pessoa reagiu bem a esses três quesitos, tem se interessado pelo Senhor e busca uma nova vida, graças a Deus, você faz parte das exceções.

Como dito anteriormente, Deus não é obrigado a salvar ninguém. Ele salva pecadores como nós por sua livre graça e amor. Finalmente, seja grato a Deus e não teime em fazer o seu querer. Que sempre a vontade dele seja a sua vontade.

Testemunho da Diane

Pastor Jean, essa é infelizmente a minha história. Eu me casei com uma pessoa não cristã e, na época, 14 anos atrás, frequentava a igreja, mas confesso que não era tão firme. Não conhecia a vontade de Deus e fiz escolhas que me trouxeram frutos amargos.

Não demorou muito e deixei a igreja e minha fé quase morreu. Literalmente alguns meses após o casamento eu entrei numa fase de desinteresse pelas coisas de Deus e acabei ficando amargos 7 anos longe do evangelho de Deus. Graças à misericórdia dele, retornei ao caminho e fui liberta desse vazio espiritual que sentia. Infelizmente, eu ainda estou sozinha no caminho do Senhor. Meu marido permanece distante e percebo que meu nome entrou para as estatísticas que você menciona no livro.

Posso afirmar que casamento sob jugo desigual não é fácil. Eu oro todos os dias para que Deus mude o coração dele, mas sei que isso pode nunca acontecer. Então, digo aos jovens da nossa igreja que ainda não se casaram para esperar no Senhor. Espero que não tomem a mesma decisão que eu, e parece que o que eu falo tem muito peso na vida deles. Eu creio que de duas, uma: é melhor orar e esperar Deus preparar alguém para você do que orar para Deus libertar alguém que se casou com você. O processo não é nada fácil, mas eu sigo em frente.

Quiz para refletir sozinho ou acompanhado:

1. O que a Bíblia diz sobre relacionamentos entre cristãos e não cristãos?
2. Quais são as desvantagens de começar um relacionamento com alguém que não professa a mesma fé?
3. Quais são os benefícios de ter um relacionamento com alguém que professa a mesma fé?
4. O que pode ser feito para corrigir a rota de alguém que vivencia uma relação mista?

Namoro
e limites

Até onde vai a intimidade no namoro? Uma das crises que os namorados de hoje em dia têm é a intimidade. Na verdade, não é a intimidade, mas até onde ela pode ir. Pode beijar? Quais tipos de carícias são permitidas? Podemos ficar sozinhos? Como nós podemos responder a essas perguntas com os princípios das Escrituras? Várias respostas têm sido dadas para essa questão.

Libera tudo ou fica só no cortejo?

A resposta mais comum em nossa cultura é que você pode ter intimidade total no namoro. É aquele tipo de pensamento: "Siga o seu coração, faça o que tiver vontade de fazer". Nessa perspectiva, não há limites para a intimidade no namoro. O sexo, as carícias, a excitação e seus desdobramentos são incentivados como demonstrações de afeto e desejo. Vale tudo.

Outra posição radicalmente diferente é o que alguns chamam de corte. O namoro de corte basicamente exclui a intimidade no namoro. É o namoro da conversa, da preparação para o casamento, da companhia dos pais durante todo o processo. Precisamos reconhecer que essa posição tem muitas virtudes:

1. Ela valoriza o compromisso;
2. Inclui os pais do início ao fim da relação;
3. A igreja participa ativamente;
4. Os namoros, geralmente, acabam sendo curtos.

Sem dúvida alguma, é preferível essa posição à anterior, pois, enquanto a corte está baseada no compromisso radical, o tipo de namoro que mais vemos atualmente apresenta uma liberdade que pode chegar a ser perigosa.

No entanto, o namoro de corte é um tipo de relacionamento datado pela cultura do século 19 até o início do 20. Numa época em que os jovens não podiam nem andar de mãos dadas, a corte era, sem dúvida, a melhor solução. O beijo era culturalmente proibido, havia um moralismo tradicional bem rígido, os rapazes morriam de medo dos pais da moça, entre outras coisas. Essa posição serviu muito bem para responder às questões da sua época, mas será que essa é a melhor opção para a atualidade?

Acreditamos que a Bíblia não tem um padrão de relacionamentos pré-maritais sólido que sirva para todas as gerações. Ela tem princípios que podem ser aplicados a qualquer geração. Alguém ousaria sugerir o modelo de casamentos arranjados hoje em dia? Óbvio que não. Acreditamos que o ser humano conquistou a liberdade para escolher o seu cônjuge, e isso nos parece um avanço. Porém, Deus nunca condenou esse modelo, por mais que ele nos pareça obsoleto. No Ocidente, por exemplo, o paradigma de casamentos arranjados foi o modelo adotado desde os tempos patriarcais até o início da era moderna. Por outro lado, no Oriente, particularmente entre países de cultura árabe, esse modelo permanece vigente.

Uma opção mais sábia: Intimidade com limites

Pelo fato de a Bíblia não oferecer um padrão fixo sobre este assunto, creio que a melhor saída é aplicarmos, com discernimento, os princípios bíblicos sobre relacionamentos para a sociedade atual. Na época dos patriarcas, a cultura era dos casamentos arranjados. Na época do Romantismo, nasceu o cortejo. E na nossa época, com a grande cultura de consumo? Creio que nem a libertinagem nem a privação da intimidade são as melhores respostas para o nosso contexto, mas uma intimidade orientada pela igreja, pela família e pelos limites bíblicos.

Nem liberação total, nem privação total. Sou a favor de uma intimidade limitada de acordo com a posição da igreja, da família e da moral cristã. Sendo limitada, principalmente, até o momento do casamento. Entendo que a liberdade da intimidade total é uma porta aberta para a libertinagem. Por outro lado, a corte pode levar a um legalismo inatingível — embora existam pessoas que têm conseguido chegar até o casamento assim.

Mas, afinal... Do que é que estamos falando? Para exemplificar a linha de raciocínio que estou propondo, irei tratar de três pontos que podem ser tranquilos para alguns, mas nem tanto para outros: 1. Beijo; 2. Carícias; 3. Preliminares.

Uma teologia do beijo

Antes de falar de beijo e carícias, vale repetir um conselho: "Case logo, meu filho!". O ideal de Deus para a juventude em nosso tempo continua sendo namoros que já começam com propósito claro, de preferência por períodos curtos. Não vale a pena ficar no aquecimento por muito tempo. Entre para o jogo. Experimente o melhor de uma família e o melhor da intimidade sexual.

Vamos falar de beijo. Posso sair beijando todo mundo? Não. O beijo é uma expressão de carinho que deve ser restrita a pessoas com quem você tem algum compromisso sério. Então quer dizer que você é contra beijar o pretendente antes de pedir em namoro? Sim, eu sou, e fiz assim no meu namoro. Eu explico. O princípio bíblico é claro: compromisso sempre vem antes da intimidade. Se somos contra a intimidade sem compromisso, e o beijo é uma manifestação de intimidade, ele só pode ser legítimo dentro dos limites de uma aliança. Em outras palavras, o beijo só seria permitido após um pedido formal de namoro. Respeitar essa ordem é valorizar a pessoa com quem você está se comprometendo, sua família e, principalmente, a Palavra de Deus.

Existem bênçãos que Deus reserva somente para aqueles que estão em um relacionamento sério com ele. Deus reserva a sua intimidade para aqueles que o temem, diz o salmista (Salmos 25:14). Por analogia, podemos pensar que há formas de intimidade que só iremos desfrutar com uma pessoa após firmarmos um relacionamento de compromisso com ela.

Mas, e o namoro de corte? Até onde eu sei, os defensores dessa linha de raciocínio acreditam que beijar é um direito e privilégio apenas dos casados. Ao invés de permitir o beijo após um pedido oficial de namoro, ele só seria liberado após o "sim" no dia do casamento. Eu, sinceramente, acho isso muito romântico, mas rígido demais. Diante do atual contexto familiar, social, cultural e eclesiástico, isso nitidamente é uma forma de extremismo. O beijo pode ser ofensivo ou não de acordo com o arranjo cultural de determinada sociedade.

Os tipos de beijo na Bíblia

Biblicamente, o beijo nos lábios não era uma prática exercida apenas entre pessoas casadas. Beijar não é fazer sexo, é um carinho que pode apimentar o sexo, mas, em vários momentos nas Escrituras, ele tem papéis bem diferentes de uma preliminar. No Antigo Testamento, por exemplo, os pais beijavam os filhos e as filhas como uma expressão de afeto e carinho (Gênesis 31:28). Além de carinho, era uma expressão de respeito e benção (Êxodo 4:27; 1Samuel 10:1).

Na cultura judaica, o "ósculo" era uma forma de cumprimentar outros judeus (Lucas 7:44) e um jeito de apimentar a relação entre um casal (Cântico dos Cânticos 1:2; 8:1). Esse hábito se tornou frequente na Igreja Primitiva. O apóstolo Paulo saúda os romanos dizendo: "Saudai-vos uns aos outros com ósculo santo" (Romanos 16:16), isto é, um beijo sem segundas intenções; beijo de amigo, de irmão, leal e respeitoso.

Em Provérbios 24:26, lemos: "Como beijo nos lábios, é a resposta com palavras retas". Para Salomão, "falar a verdade é como dar um beijo na boca". Óbvio que ele não está incentivando a homossexualidade, pelo contrário, ele nos ensina que o beijo, naquela época, era um sinal de compromisso, afeição e confiança. Além do beijo nos lábios, havia o beijo nas mãos (Jó 31:27) e nos pés (Lucas 7:38,45), mas não é nosso interesse falar deles neste livro.

Vamos classificar os beijos para entendermos melhor o assunto. Fora o beijo de traição de Judas em Jesus (Mateus 26:49), existem, pelo menos, quatro tipos de beijo na Bíblia:

1. Beijo erótico entre casados;
2. Beijo de respeito e saudação entre pais e filhos;
3. Beijo de afeto entre irmãos e amigos;
4. Beijo de afeto e confiança entre pessoas comprometidas.

A partir dessa explicação, não seria radical demais voltar para os anos 1900 e proibir namorados que buscam o casamento de se beijar de forma comedida? Obviamente, os namorados não devem se beijar eroticamente como fazem os amantes em Cântico dos Cânticos 7:9: "Mel e leite estão debaixo da tua língua". Esse tipo de beijo, hoje em dia, seria aquele tipo "aspirador", com as línguas dando voltas na boca. O beijo erótico é aquele reservado aos casados, é uma preliminar do sexo. Por outro lado, o beijo como uma demonstração de afeto, compromisso e respeito, sem o "efeito aspirador", creio ser aceitável entre os namorados e noivos antes do casamento.

O carinho

Vamos pular do beijo para as carícias. Em 1Tessalonicenses 2:7, fica claro que o carinho é uma prática diferencial dos cristãos. Quando o Espírito Santo habita em nós, ele acaba nos tornando pessoas mais carinhosas do que éramos antes. Contudo, obviamente, existe o carinho entre pais e filhos, carinho entre irmãos espirituais, carinho entre familiares, carinho entre marido e esposa, e por que não carinho entre namorados e noivos? A questão é delimitarmos qual é a carícia adequada para cada um.

Começando pelos casados, fica evidente na Bíblia que devem trocar carícias entre si. O rei Abimeleque percebeu que Isaque era casado, pois "Isaque acariciava a Rebeca" (Gênesis 26:8). Em Provérbios 5:19, lemos que o homem casado com a mulher da sua juventude se sacia em seus seios e se embriaga com suas carícias. Obviamente, esse tipo de carinho é proibido entre namorados e noivos, pois ainda não pertencem um ao outro. Namorados e noivos ainda não são "uma só carne", por isso não têm direito ao sexo.

Paulo reafirma esse ensino dizendo que "a mulher não tem poder sobre o seu próprio corpo, e sim o marido; e, semelhantemente, o marido não tem poder sobre o seu próprio corpo, e sim a mulher". Por isso, ele aconselha a prática frequente do sexo aos casados: "Não vos priveis um ao outro [...] para que Satanás não vos tente por causa da incontinência" (1Coríntios 7:4-6).

Embora a carícia deva ser praticada pelos casais, carinho não é uma prática exclusiva do casamento. Carícias, afeto e ternura são indicados no relacionamento entre pais e filhos, irmãos em Cristo, família como um todo, e sem dúvida entre noivos. Até porque não existe outra forma de você saber se a pessoa é carinhosa ou não senão pelo namoro/noivado. Podem acariciar as mãos, o cabelo, os pés, os ombros, o rosto. Respeite os limites. Aprenda a amar com palavras e gentileza. Mas, o que fazer com as preliminares? Será que morar juntos seria uma opção mais segura para quem passou dos limites?

Morar juntos antes do casamento?

É muito comum namorados experimentarem uma intimidade tão aberta, a ponto de parecer que, na verdade, estão vivendo como se já fossem casados. Alguns argumentam que "se você morar junto antes do casamento, descobrirá mais facilmente se é compatível com a pessoa ou não". É mais seguro que se casar, eles acreditam. Entretanto, essa crença foi refutada por um artigo publicado pelo *New York Times*, intitulado "The downside of cohabiting before marriage"[1] Nele, a psicóloga clínica Meg Jay

1 Tradução: "A desvantagem da coabitação antes do casamento", por Meg Jay. Artigo publicado em 14 de abril de 2012. Disponível em: http://www.nytimes.com/2012/04/15/opinion/sunday/the-downside-of-cohabiting-before-marriage.html.

verificou que as pessoas que decidem morar juntas são geralmente mais infelizes no casamento e mais propensas ao divórcio do que as pessoas que decidem se casar.

De acordo com sua experiência clínica, ela descobriu que os homens e as mulheres concordam que seus padrões para morar juntos são menores do que em relação a um cônjuge. Ela diz que as mulheres tendem a pensar que estão sendo testadas pelo parceiro que mora junto com elas. Perguntam a si mesmas: "Será que eu posso fazer melhor do que isso para agradá-lo?", diz Meg Jay. Casais que moram juntos vivem a tensão de tentar de tudo para provarem que são bons o suficiente para se casar. Ela alega que as mulheres são mais propensas a ver o sexo como um passo em direção ao casamento, enquanto os homens são mais propensos a vê-lo como uma maneira de testar um relacionamento ou adiar o compromisso.

Novamente, o que está por trás da sexualidade fora dos limites da aliança é o consumismo. Ao invés de nos entregarmos um ao outro num ambiente seguro e autêntico de amor, agimos como consumidores testando a qualidade de um produto. É uma relação Eu-Isso, não Eu-Tu.

Eu costumo aconselhar jovens namorados a pensar na influência e presença dos pais dentro da relação deles. O que os pais da moça aprovariam que vocês fizessem? Obviamente, faço referência a pais cristãos que defendem a moral bíblica. Meu pai, por exemplo, seria uma exceção a essa regra. Ele não era cristão e me aconselhava a ter minhas primeiras experiências íntimas com apenas doze anos. Portanto, cuidado com a opinião dos pais que não têm um referencial bíblico. Mesmo assim, é um bom conselho não ficar namorando sozinho, em lugares fechados. Busque estar perto de pessoas que te deem segurança e limites.

Testemunho de Junior e Evelyn

Uma das frases que mais chamaram a nossa atenção durante a sua palestra sobre namoro foi: "o namoro que Deus curte é um namoro curto". E isso era justamente o que o nosso namoro não era, afinal, já estávamos juntos por 6 anos. Foi uma "pancada" ouvir isso, ter que olhar para a Evelyn, e ela para mim, sem nos sentirmos constrangidos. Sempre achei que quanto mais longo o namoro, melhor! Mais tempo para conhecer a pessoa, mais tempo para viajar, mais tempo para perceber as "red flags" etc.

No entanto, era nítido que estávamos deixando a nossa fé de lado nessa matemática. Nós sabíamos — desde muito cedo em nosso namoro — que a nossa intimidade não era para ser do jeito que estava. Não tínhamos limites, para sermos honestos. Era muito difícil segurar. No começo até tentávamos nos manter distantes um do outro para manter a santidade, mas, depois que a gente se acostumou a ter intimidade sexual um com o outro, parece que a culpa já não batia mais à porta.

A verdade é que não havia mais razões para esperar. Nós tínhamos a convicção de que precisávamos nos casar e parar de adiar o inadiável. Foi aí que entramos em contato com o Pastor Jean para verificar se ele tinha disponibilidade para realizar o nosso casamento. Ele ficou feliz com a nossa história e autenticidade, mas aceitou oficiar a cerimônia com a seguinte condição: sem intimidade até o dia do casamento. O problema era simples: o nosso casamento estava marcado para daqui a um ano! E agora, José?

Evelyn e eu conversamos e decidimos dar esse passo de fé e seguir o conselho do pastor, que para nós era claro ser a vontade de Deus para nós. Foi um ano cheio de tentações e abstinência, mas posso dizer que vencemos porque nós nos planejamos para isso.

Evitamos ficar sozinhos sem a família ou amigos, cuidamos melhor do nosso coração e de nossa relação com Deus.

Valeu muito a pena ter feito esse jejum de intimidade sexual no namoro. Olhando para o passado, poderíamos ter começado e terminado bem sem precisar nos machucar no percurso. Teria sido maravilhoso, de fato, mas não era a nossa história. Nós agradecemos ao pastor por ter sido firme conosco.

O resultado foi melhor do que jamais poderíamos imaginar. Depois que a cerimônia acabou, os convidados foram para suas casas e, enfim, Evelyn e eu entramos oficialmente em "modo lua de mel", Deus nos surpreendeu. Tudo parecia acontecer pela primeira vez. Foi mágico, maravilhoso e indescritível. Um belo presente de lua de mel que o Senhor nos deu. Realmente pudemos experimentar que Deus restaura corações quebrados e concede bênçãos àqueles que o buscam de todo o coração.

Uma palavra para quem cruzou o sinal vermelho

Sei que muitos leitores deste capítulo certamente cruzaram o sinal vermelho em seus namoros e noivados. Eu quero terminar este capítulo não com palavras de juízo, mas com uma palavra de encorajamento. Arrependa-se sinceramente, volte a ser santo, ore com o seu(sua) namorado(a), perdoem-se. Peçam ajuda! Não tenham receio ou vergonha de pedir acompanhamento do seu pastor, presbítero ou de um casal experiente da sua comunidade local. Deus sempre coloca pessoas em nosso caminho com um propósito. Quem são essas pessoas ao seu redor que podem te socorrer?

Talvez o mais sábio não seja terminar a relação e arrancar a planta da raiz. Conversem sério um com o outro. Se vocês têm as condições mínimas que já tratamos neste livro, casem-se.

Aos olhos de Deus, é muito mais nobre casar-nos com poucos recursos do que renunciarmos à santidade. Deus, certamente, irá honrar o casamento de vocês se a pureza for prioridade.

Se vocês já têm condições mínimas para viverem juntos, alugar um local para morar, não percam tempo querendo viver no luxo. Optem pelo caminho de crescerem juntos financeiramente. Constituam uma família pobre, mas jamais uma família impura. Deus pode fazer vocês prosperarem juntos em todas as áreas.

Conheço amigos que cruzaram o sinal vermelho, mas foram fortes para reparar seus erros. Casaram-se. Na época, com as condições mínimas, mas hoje vivem com muito mais tranquilidade. Infelizmente, alguns continuam no mesmo erro e colhem diariamente as frustrações de uma espiritualidade sem alegria.

O sexo é o jeito mais incrível que Deus criou para ajudar você a se entregar inteiramente a outra pessoa. Prepare-se, guarde-se, valorize-se, estabeleça a vontade de Deus como prioridade em sua vida. O casamento dará um ambiente mais seguro para você se desenvolver e se entregar ao prazer que tanto procura.

Quiz para refletir sozinho ou acompanhado:

1. Até onde vai a intimidade de um casal de namorados?
2. Como você enxerga o papel da família e da igreja na vida do casal?
3. Será que já não é a hora de você se casar? Para quem cruzou o sinal vermelho, será que não é hora de terminar a relação, caso ela seja baseada apenas na intimidade e não na amizade e compromisso?
4. Qual é o papel das carícias e do beijo no namoro?
5. Quais são as desvantagens de morar juntos?

8

Namoro e a pessoa certa

Existe uma "pessoa certa" para cada um de nós? Deus já decidiu quem será nosso futuro cônjuge? Se Deus é soberano, qual é o nosso papel na hora de escolher nosso futuro companheiro(a) amoroso? Recebo essas perguntas de algumas pessoas que leram a primeira edição deste livro, também de pastores que se veem num verdadeiro beco teológico sem saída quando os membros de suas igrejas os questionam acerca da relação entre soberania de Deus e relacionamentos amorosos. Neste capítulo, tentarei dar algumas respostas a essas difíceis questões.

Existe pessoa certa?

A resposta mais direta é não, se por pessoa certa você está pensando em alguém que se ajuste perfeitamente a você. Os conceitos de "alma gêmea", "metade da laranja" ou "cara-metade", são ideias enraizadas no platonismo grego ou numa espécie de romantismo incompatível com a cosmovisão cristã.

Por outro lado, a verdade é que existem diversas pessoas no mundo que podem formar um belo par conosco. Não existe um homem para cada mulher no mundo. Essa é uma questão de realismo — e também de matemática. Ao invés de perder o seu tempo em busca de uma "alma gêmea" que não existe, deveríamos ser mais realistas e escolher uma pessoa com os mínimos requisitos bíblicos (confira os Dez Mandamentos para começar um namoro) e amá-la até o fim dos nossos dias.

O que sustenta uma relação não é uma compatibilidade mágica misteriosa, mas o fato de assumirmos a responsabilidade de sermos fiéis e amarmos um ao outro apesar das nossas diferenças. Portanto, evite as dores de cabeça em pensar em quem poderia ser a pessoa certa para você, comece a trabalhar seu caráter e prepare a si mesmo para ser alguém melhor para o outro. Em muitos casos, a pessoa com quem você irá passar o resto da vida está mais perto do que você imagina.

Deus já decidiu?

É verdade que Deus já decidiu quem será meu futuro cônjuge? A resposta é sim. Por ser um Deus soberano, ele não apenas sabe quem será o seu cônjuge, mas sabe exatamente todos os detalhes da nossa história (Salmos 139:16).

Mas vá com calma e não confunda as coisas. Isso nada tem a ver com o mito da "pessoa certa". A pessoa que Deus escalou para entrar no seu time é uma pecadora cheia de limitações como qualquer outra. Por mais que seja uma pessoa de Deus, tenha certeza de que ela não será uma metade da laranja.

O que ganhamos em saber disso, então? Ora, se Deus é soberano, já traçou o nosso futuro e é nosso Pai, nós podemos descansar nele e aprender a lidar bem melhor com as nossas ansiedades. Deus sempre faz aquilo que é melhor para nós.

Além disso, também aprendemos a ser realistas, entendendo que Deus nunca prometeu príncipes e princesas encantadas para ninguém.

E a minha responsabilidade?

Se Deus é soberano, qual é nossa responsabilidade? O fato de Deus já ter planejado quem será nosso futuro cônjuge não anula a nossa responsabilidade no processo. De acordo com as Escrituras, Deus planeja tanto os fins quanto os meios. O fim é o resultado, isto é, a vontade perfeita de Deus se realizando. Os meios são as nossas vontades, ou seja, o trajeto que fazemos para chegarmos até esse fim. Atenção: as duas coisas sempre andam juntas.

Deus chega até os seus objetivos trabalhando com sabedoria as nossas escolhas. Por exemplo, Deus não apenas decidiu quem seria a minha esposa (fim), mas também decidiu como eu iniciaria meu relacionamento com ela (meios). Enquanto eu orava, refletia e finalmente decidia relacionar-me com ela, Deus estava ao mesmo tempo nos direcionando para esse fim soberano que ele já tinha estabelecido. Por isso, é errado usar a soberania de Deus como justificativa para falta de coragem e atitude.

E a oração?

Se a responsabilidade também é nossa, por que orar? Nós oramos por várias razões. Não oramos para mudarmos o futuro — isso é impossível —, mas para que Deus nos ensine a escolher bem com os recursos que temos. Oramos para que Deus nos dê coragem para investirmos em uma pessoa que realmente valha a pena. Oramos também para que Deus nos abra os olhos e nos livre de quem quer apenas passar tempo. Oramos porque oração não muda a Deus, orar muda a nós mesmos.

Além disso, a oração nos santifica e, quanto mais santos, mais preparados estaremos para começar um namoro que realmente será um ensaio para o casamento. Oramos para que nossas atitudes não sejam tomadas a partir de paixões ou emoções passageiras, mas de acordo com as Escrituras e uma mente sadia. Em síntese, a oração não é uma ferramenta mágica, mas uma forma de declarar a Deus o quanto dependemos dele.

Como orar pelo meu futuro cônjuge?

A sabedoria bíblica diz que encontrar um cônjuge é sinal especial da bênção de Deus (Provérbios 18:22). De forma bem prática, eu sempre aconselho jovens a orarem por alguém que ame a Deus mais do que qualquer outra coisa, inclusive mais do que você. A razão é simples: quanto mais essa pessoa amar a Deus, mais você será amado. Quem realmente ama a Deus amará o seu próximo por implicação (1João 4:7-8). Ore também por uma pessoa amiga que te ama pelo que você é e não pelas coisas que você tem.

Evite fazer acordos com Deus que você não será capaz de cumprir. Entregue sua vida nas mãos do Pai eterno. Tome cuidado para que seu coração esteja mais ansioso pela presença divina do que pela presença de um namorado, caso contrário seu namoro pode se transformar numa idolatria. Orar é, sem dúvidas, o melhor jeito de acalmar o nosso coração. É o melhor jeito de confiarmos que Deus já preparou o melhor para nós.

Em suma, uma visão correta da soberania de Deus nos ajudará a combinar responsabilidade e descanso. Por um lado, a ideia de um Deus soberano desafia nossa omissão e inércia uma vez que entendemos que Deus chega até seus fins através de meios humanos. Portanto, deveríamos enxergar nossas atitudes no que diz respeito à vida amorosa com muito mais seriedade. Deus é soberano e nós somos responsáveis pelas atitudes que tomamos — e pelas que deixamos de tomar.

Por outro lado, a soberania de Deus também serve como uma terapia para corações ansiosos. Se Deus já traçou um plano para cada aspecto da nossa história amorosa, por que pensarmos que tudo depende de nós? Além de nos livrar de um ativismo idólatra, a verdadeira soberania de Deus nos ajuda a encontrar descanso no Deus que sempre prepara o melhor para nós.

Um conselho, então, aos solteiros que estão em busca de um amor verdadeiro: seja responsável, trabalhe e faça aquilo que está a sua disposição em relação ao seu futuro amoroso. Não se esqueça, entretanto, que o seu Pai é um Deus soberano que ama você e que já tem sua história detalhadamente em mãos. Entenda que, enquanto você descansa, Deus continua trabalhando por você em todas as áreas da sua vida, inclusive em seu futuro cônjuge.

Quiz para refletir sozinho ou acompanhado:

1. Existe esse negócio de pessoa certa?
2. Como relacionar a soberania de Deus e a minha responsabilidade?
3. Qual é o papel da oração antes de escolher alguém para namorar?
4. Como me tornar "a pessoa certa" para outra pessoa?

9

Namoro:

quando e como terminar

Quando e como terminar um namoro? Terminar um namoro nunca é uma decisão fácil. Estamos falando de duas pessoas que um dia se entregaram uma à outra e depois de algum tempo escolheram romper relações. Quando iniciamos uma aliança com alguém, nosso coração, nossa vida e nossos sonhos se misturam e, uma vez que quebramos esse laço afetivo, é praticamente impossível pelo menos um dos lados não se sentir ferido, triste e quebrado por dentro. Relacionamento é coisa para pessoas que já tem alguma dose mínima de maturidade e responsabilidade. Relacionamentos unem, alegram e fazem bem ao coração, mas ao mesmo tempo eles também têm o poder, se não forem bem administrados, de dividir, entristecer e machucar de maneiras significativas.

Eu mesmo sou prova disso, como já comentei em um capítulo anterior. Sou um exemplo vivo de como é duro frustrar e magoar alguém por não entender quão sérias são as implicações de começar um namoro. Certa vez, tentei despertar em mim o amor por uma garota muito legal que certamente cumpria todos os critérios para ser uma ótima esposa. Começamos a namorar.

Visitava os seus pais com frequência e parecia estar tudo muito bem. Mas, no final das contas, por não haver em mim nenhum sentimento real por ela, acabei machucando gravemente seu coração quando, após poucos meses de relacionamento, pedi para terminar. E por esta razão que muitos namoros deveriam terminar: porque na verdade não deveriam nem ter começado.

Como já mencionamos, o belo poema de Mário Quintana é cirúrgico sobre isso: "Nunca diga 'te amo' se não te interessa [...] A coisa mais cruel que alguém pode fazer é permitir que alguém se apaixone por você, quando você não pretende fazer o mesmo". Em outras palavras, precisamos ser honestos e diretos desde o início com alguém antes de criarmos falsos sonhos em seu coração que não conseguiremos tornar realidade. Não tomar essa atitude responsável no princípio da relação produz namoros longos e sem propósito.

Tome, por exemplo, a fala de um rapaz que namorava uma menina há dez anos. Perguntei a ele se tinham planos para casar. A resposta foi a pior possível: "Estamos juntos há dez anos, mas ainda não tenho certeza de que ela é a pessoa certa pra mim, preciso pensar mais um pouco". A questão que se coloca é a seguinte: se esse rapaz ficou dez anos ao lado dessa moça e ainda tem dúvidas, quantos anos mais ele precisará viver ao lado dela para começar a ter convicções? Não queria estar na pele daquela moça... Não mesmo.

Mas vamos ao que interessa. Quais são os sinais de um relacionamento fadado ao fracasso? Como proceder sabiamente em direção ao término? Os conselhos que vou compartilhar aqui não são decretos imutáveis que funcionarão em qualquer relacionamento, nem princípios atemporais aplicáveis em todos os casos.

Você terá que ser sábio e tomar a decisão por si mesmo e até buscar conselho com a liderança da igreja em que congrega. Tenha em mente que os alertas a seguir são como placas espalhadas pela estrada em meio a um nevoeiro, ou como sinais luminosos no chão para que você não se perca no caminho. Quatro sinais são extremamente relevantes: 1. Perda de propósito; 2. Ruptura na pureza; 3. Irresponsabilidade financeira; 4. Incompatibilidade de personalidades.

1. Perda de propósito

Em primeiro lugar, a ausência de propósito num relacionamento é um sinal claro de que ele não vai a lugar nenhum. É possível que você tenha conhecido alguém por um "acaso" e, com o passar do tempo, desenvolveram suas responsabilidades, afeto, sonhos e propósitos juntos. Isso é um bom sinal. Uma curva do acaso para o propósito foi feita e isso é um indicativo de sucesso na relação.

Por outro lado, se você conheceu uma pessoa, decidiram ficar juntos, os meses e anos têm passado e vocês simplesmente estão perdidos sem saber para onde ir... parece que o relacionamento não passa de um "passatempo". Perguntem a si mesmos: por que estamos juntos, afinal? Namoro não deve ser encarado como um passatempo. Namoro não é pegar alguém emprestado. Namoro é um ensaio para o casamento.

2. Ruptura na pureza

Em segundo lugar, a perda da pureza sexual do casal — seja pelo sexo antes do casamento ou devido a uma traição — é outro sinal de alerta para alguém que pensa em ter um relacionamento sério. A lógica da sabedoria bíblica é a de que compromisso precede intimidade, casamento precede sexualidade, entrega de vidas precede entrega de corpos. Agir na contramão dessa lógica é semear desconfiança em seu próprio coração.

Conversem sobre isso de forma séria. Ruptura na pureza é um sinal vermelho para o namoro. Busquem avaliar o melhor plano de ataque. Se, mesmo depois se conversarem, ele(a) não entender a importância da espera, talvez seja o momento de terem uma conversa mais séria ou terminar a relação. Afinal, se o teu parceiro(a) quer intimidade antes de ter compromisso, quem te garante que ele(a) não buscará intimidade sem compromisso depois (com outros)? Não vale a pena correr esse risco. Quem ama de verdade não verá problemas em esperar um pouco para não precisar esperar nunca mais. Se alguém diz que te ama, mas se nega a esperar para ter relações sexuais com você, na verdade essa pessoa não ama você, mas sim seu próprio desejo egoísta de ser feliz.

3. Irresponsabilidade financeira

Em terceiro lugar, a completa falta de responsabilidade financeira e profissional de uma das partes é uma placa de alerta no relacionamento. De acordo com a sabedoria bíblica, um homem não deve unir-se a uma mulher a menos que esteja preparado para deixar a casa de pai e mãe. Não estamos falando do mito da estabilidade financeira, nem de ter uma casa própria, mas de ter trabalho, renda e condições mínimas de ter uma vida digna com quem você ama.

Se você está namorando alguém que não apresenta a mínima preocupação em trabalhar, estudar, desenvolver-se profissionalmente, sair da casa dos pais e contribuir para uma vida digna, tenham uma conversa séria sobre isso e, caso mudanças não aconteçam, fuja dessa pessoa enquanto é tempo.

4. Incompatibilidade de personalidades

Em quarto lugar, a total incompatibilidade de personalidades é uma trombeta contra um relacionamento saudável. É bom termos em mente que isso tem a ver com os aspectos essenciais de um relacionamento, não com os secundários. Do que estamos falando? Aspectos secundários são os gostos pessoais: time, predileções, comidas, traços da personalidade, entre outras coisas. Isso tudo é absolutamente normal e não deve preocupar o casal.

Por outro lado, os aspectos essenciais dizem respeito a pelo menos três coisas: caráter, religião e sonhos. Se você não tolera desonestidade, será difícil conviver com alguém que ganha a vida pela trapaça. Se você professa uma religião diametralmente oposta à de seu namorado(a), será quase impossível concordarem com uma série de coisas essenciais da convivência (a menos que haja conversão). Se você tem o sonho de trabalhar viajando o mundo praticamente todos os dias do ano, será muito difícil se dar bem com alguém que almeja ser dona de casa e criar filhos. Não jogue nada disso para debaixo do tapete. Namoro serve para deixar tudo às claras e não brincar com a vida, o presente e o futuro dos outros.

Por fim, peça a Deus sabedoria antes de tomar qualquer decisão precipitada. Converse também com seus pais, amigos e casais experientes. Certamente a orientação deles vai ampliar os seus horizontes e te preparar para uma decisão acertada. Coloquem os quatro alertas na balança. Não leve a relação "com a barriga". Não deixe para amanhã aquilo que pode ser feito agora.

Relacionamentos sem dúvidas envolvem emoção, mas devem estar fundamentados, antes de tudo, na verdade. Espero que as placas de sinalização apresentadas aqui te ajudem a formar um juízo sóbrio sobre o rumo que seus relacionamentos estão tomando. Que Deus ilumine e dê a você sabedoria no caminho.

Quiz para refletir sozinho ou acompanhado:

1. Qual é o seu propósito na vida? Se estiver namorando, já se perguntaram para onde esse namoro está os levando?
2. Como você lida com a sua sexualidade? Está se mantendo puro até o casamento ou cruzou o sinal vermelho? Dependendo de sua resposta, qual é o seu plano de ataque para remediar a situação?
3. Como você lida com dinheiro? Você trabalha ou possui algum tipo de renda?
4. Você já estudou a sua personalidade? Se sim, como você definiria a si mesmo?
5. Com base na reflexão deste capítulo, é hora de continuar ou terminar o namoro?

Palavras finais

Poucas decisões na vida de um indivíduo são tão transformadoras como o namoro e casamento. Paradoxalmente, o investimento em preparação para esse momento é ínfimo comparado com outras ocasiões de menor impacto. Gastamos mais horas nas aulas de volante para a CNH do que nos preparando para os longos anos de casamento.

Minha oração é que este livro possa suprir essa lacuna de reflexão em sua vida e preparar você para navegar pelas águas do namoro guiado pela sabedoria bíblica. Creio que estar alicerçado na Palavra de Deus é o segredo de felicidade para qualquer área da vida, e os mais de dez anos de casamento com a Gesiê só tem provado essa tese.

O casamento é, por natureza, um relacionamento desafiador, e cada época impõe desafios particulares a esse relacionamento. Com o namoro não é diferente. Esforcei-me para deixar claro que o namoro padrão de hoje é bem diferente de 60 anos atrás, e tem se degenerado de forma assustadora, mas considerada totalmente normal pela cultura atual. Precisamos resistir a essa cultura e nos preparar para essa etapa fundamental de nossos relacionamentos.

Não é fácil encontrar boas orientações sob uma perspectiva cristã sobre o namoro. Toda ajuda nessa área é bem-vinda. Estou convicto de que esta obra não possui todas as respostas que você procura e é bem provável que você discorde da maneira com que tratei alguns temas. Meu alvo nunca foi esgotar o assunto, mas ser uma porta de entrada. Almejei oferecer uma orientação clara para que você possa encarar situações de pressão, insegurança e tentação com princípios bíblicos que têm moldado a vida de várias civilizações por milênios.

Meu objetivo com este livro é ajudar adolescentes, jovens, adultos e pais interessados em conhecer melhor o plano de Deus para a fase pré-marital. De fato, o livro pode ser útil para pessoas de várias idades. Você pode ler junto com o(a) seu(sua) namorado(a), estudar em grupos pequenos de adolescentes e jovens, e até mesmo vocês, pais, podem discipular seus filhos, capítulo por capítulo, em assuntos que eles realmente querem explorar.

Minha oração é que Deus abençoe muito a sua vida e seus relacionamentos. Deus não é contra a nossa alegria, ele é a favor dela. Uma vida investida em comunhão com ele e em obediência a sua vontade é, sem dúvidas, uma jornada de verdadeira alegria e satisfação.

Espero que, após a leitura do livro, alguns tomem coragem e embarquem na jornada do namoro; que outros percebam que é hora de terminar o namoro e começar de novo, mas do jeito certo. É meu desejo que adolescentes renunciem a cultura do consumo, o "namorar por namorar", e busquem amadurecer antes de iniciar uma relação; que aqueles que namoravam para passar tempo venham a descobrir e vivenciar um namoro como um ensaio para o casamento; e que aqueles que já estavam no caminho certo possam ficar mais firmes do que nunca.